图解服务的细节

057

オムニチャネル戦略

新零售
全渠道战略

[日] 角井亮一 著

吴婷婷 译

人民东方出版传媒

People's Oriental Publishing & Media

东方出版社

The Oriental Press

目 录

Contents

序

电脑、智能手机、平板电脑、实体店、附近的 24 小时便利店——在喜欢的地方收集商品信息、对比研究、下单、取货。使消费形式及流通零售业发生巨大改变的，就是现在备受关注的全渠道。

2011 年，我在美国参加流通行业会议的时候，第一次从一位美国高级顾问那里听到"全渠道"这个词及其概念，受到很大的震撼。从那以后，我便开始着手取材研究。

当时的热词还是 F-commerce，即在社交网络平台 Facebook 上购物。其后，"全渠道"开始热度大增，关注度显著提高。如今，美国正在努力将全渠道形式固定化并积极摸索更具发展前景的商业模式。

与此同时，日本的 Seven & i 控股集团也宣布大规模推行"应对全渠道"计划，并于 2015 年 11 月 1 日起全面启动"omni7

（全渠道7）"项目。不仅是 Seven & i 控股集团，现在所有的流通行业都在积极采取措施应对全渠道。

可能很多人在纳闷全渠道是什么，也一定有很多人不太了解或不知道全渠道。2011 年我在美国的时候也一样，这是很正常的事情。

我想如果您读了这本书，您就会了解全渠道了。因为这本书：

①大量列举了日本企业的实际案例；

②也引用了全渠道的先驱，美国企业的实际案例；

③行文解说简单明了，即使是流通行业的新人也能够理解。

所以，请您一定要将此书拿在手中认真阅读。

另外，对于认为"我知道全渠道"的人，我也希望您能读一读。因为我在编写很多具体案例的时候，对企业内实际推行全渠道的负责人进行了相关采访，并在此书中添加了采访的精华内容。（衷心感谢给予我帮助的各位！）

因此，我觉得即使是专家或是已经从事实际业务的工作人员，读了这本书也一定会有新发现。我个人在编写此书的过程中也觉得有很多内容是头一回听说。

这本书是我的第 16 本作品。在此之前，我曾经以提高企业竞争力的战略物流为主题，先后在日本、美国、中国、韩国、中国台湾地区出版了多部作品并作为演讲者进行了演说。不仅在物流方面，我针对全渠道也进行了多场演讲。

同时，我也在经营着一家名为 e-LogiT 的邮购物流公司。这是一家为电子商务企业以及零售企业、制造厂商、批发商中的电商平台提供物流的企业。就像当初最先在日本开始邮购物流一样，我为自己能比任何物流公司都更早地开始应对全渠道而感到自豪。

或许正因为我既熟悉流通行业的实际业务以及行业现状，又已经在公司的管理中实施全渠道战略，才能编写出这本为开展全渠道提供可行方法的书吧。

衷心希望您能将这本书作为全渠道方面的重要参考书来阅读。

秋叶原的家中

角井　亮一

第一章

什么是全渠道

1　日本的全渠道元年

（1）领先日本 3 年的美国

　　我经常在论坛中提到，美国的流通行业领先日本 3 年。为什么这么说呢？因为日本流通业的革新比美国晚 3 年。近年来，我每年要去美国访问学习 30 天左右，2011 年访美的时候恰值全渠道备受关注的时期。而 3 年后的 2014 年，日本迎来了它的"全渠道元年"。还有一件看似巧合的事情：1994 年美国的亚马逊网络电子商务公司（Amazon.com，以下简称：亚马逊）诞生，创始人是当时 30 岁的杰夫·贝佐斯（Jeff Bezos）。而 3 年后的 1997 年，日本的三木谷浩史先生在自己 32 岁的时候创建了乐天网上购物商场（以下简称：乐天）。

　　这些事情让我觉得，虽然日本流通行业的发展落后美国 3 年，但是日本一直都在不停地向前追赶。两国的国土面积相差 25.5 倍，人口相差 2.5 倍，就算在发展的路线上出现差异也没什么值得奇怪的。但令人不可思议的是，日本的流通业和经济几乎是与美国在完全相同的道路上前进。

亚马逊创业至今的 20 年间，全球经济不仅在零售业方面，也在批发、制造等的流通方面发生了很大的变化。毫无疑问，网络的飞速发展是带来这些巨大变化的关键。网站、邮件在我们的生活中变得随时随处可见，上网的费用大幅度下降，现在就连小学生都能熟练地运用互联网。随着网上购物机会的增多，2014 年 EC 化率（零售业和服务业中电商交易额的比例）达到了 34.37%。

（2）智能手机推动全渠道的发展

我想在未来的 20 年里，智能手机的发展将会给流通业带来更巨大的变化吧。现在的初中生和高中生已经能够在智能手机上灵活地使用像 Facebook 和 Instagram 这样的网络社交平台，LINE 这样的聊天 App 以及 YouTube、MixChannel、iMovie 类的视频 App。

实际上，智能手机正是全面展开全渠道的现实推动力。吸引顾客去店铺，在店铺内确认信息（获取商品信息及实时库存情况），对比网店与实体店后，或下单，或取消订单，或变更收货地址等，这些都是由于智能手机的出现才得以实现的。现在，

GPS 和照相机（条形码识别）功能被广泛地应用，今后，利用近距离无线通信（iBeacon、Bluetooth Low Energy）、语音话筒、照相机及 GPS 等功能，流通业将会出现超越现在全渠道的更全新的销售模式。

从 2014 年开始，如何开展全渠道已经引起了所有流通行业相关从业人员的关注。

特别是 2015 年 11 月 Seven & i 控股集团启动的全渠道今后会如何发展，想必大家也一定相当感兴趣。

2　日本 Seven & i 控股集团推出世界首例业态间全渠道 omni7

（1）2015 年 11 月服务启动

Seven & i 控股集团（以下简称：Seven & i）的铃木敏文会长在平日里经常强调全渠道服务是"零售业的终极模式"，Seven & i 自 2014 年初就开始全面接触全渠道模式，并于 2015 年 11 月 1 日启动全渠道"omni7"项目。"omni7"是指以旗下便利店（CVS）——7-ELEVEn · Japan 为核心，由包括 GMS（综合超市）

（出处）Seven & i 控股集团资料

图1-1　Seven & i 控股集团的全渠道

伊藤洋华堂、百货商店崇光西武、专门经营创意杂货的 LoFt 以及婴儿本铺、7- 网店、Seven & i- 食品、7- 文化网络在内的 8 家子公司构成的专门针对全渠道而启动的商业项目。

如果早晨 7 点前在网上订货，那么无论是伊藤洋华堂的商品，还是崇光西武的高级品牌，都能够在当天送到客人指定的最近的 7-ELEVEn 便利店。最初是早晨 7 点前的订单能够在当天下午 7 点以后在关东的 7000 家店铺取货（配送费 300 日元）。我想，今后直接从店铺送货到家的业务也一定能够实现。Seven & i 突破常规，跨越各子公司之间经营形式上的差异，采取的全渠道模式尚属世界首例。据说该集团在 2018 年前，将在 IT、物流业投放 1000 亿日元，目标是在 600 万个项目上达到 1 兆日元的电商（包括网上超市）销售额。

实际上，将这种全渠道的思考模式正式引入日本的正是 Seven & i。为了向最初提出全渠道商业模式的美国大型百货商店——梅西百货学习，2013 年 9 月，集团总部派遣旗下各子公司高层约 50 人前往美国纽约和芝加哥实地取经，并于第二年 10 月在日本开设全渠道推动本部。

关于 Seven & i 控股集团将会在第五章详述。日本流通零售业的多家企业也积极应对 Seven & i 关于全渠道模式的一系列动向，为此变更了企业内部部门。

（2）各企业的主要部门动向

Seven & i 控股集团与其他各企业的主要变更如下：

● Seven & i 控股集团

◎伊藤洋华堂——2014 年 1 月 15 日，在部门改组中，将原商品本部中的网络发展部变更为全渠道发展办公室。

◎崇光西武——2014 年 2 月 1 日，新开设社长直接管辖部门——全渠道发展办公室。

◎ Seven & i——2014 年 12 月 2 日，推选铃木康弘为全渠道发展办公室高级执行 CIO（最高信息责任者），新设全渠道系统企划部门和 CI（共同策划）办公室。

●其他企业

◎永旺零售（AEON RETAIL）——2014 年 3 月 1 日，开设社长直接管辖的全渠道发展本部。2015 年 2 月 1 日，实施机构改革，废止全渠道发展本部，开设电子发展专项办公室。

◎大丸松坂屋百货店——2014 年 9 月 1 日，变更部分部门。在总公司营业本部开设"百货商店全渠道发展专项"部门。

◎ UGHD——2015 年 3 月 1 日，实施部门改组。新设全渠道战略部门。

◎ AUTOBACS SEVEN——2015 年 4 月 1 日，部门变更。新开设全面推进全渠道发展的全渠道发展部，并将原电子商务发展部并入其中。

◎三阳商会——2015 年 4 月 1 日，开设全渠道发展科。

虽然各企业现在已经开始着手全渠道变革，但我认为真正的震撼还远没有开始。今后全渠道将如何发展，我们拭目以待。

3 角度不同，重点改变——多面孔的全渠道

（1）"所有、全部"的意思

如前所述，美国的流通行业发展进程比日本快3年，美国广泛提及"全渠道"这个词是在2011年1月。美国零售业协会（NRF）在名为"Mobile Retailing Blueprint"的年度报告书中首次使用了全渠道这一概念。

在报告书中，美国百货公司——梅西百货宣布"以建成全渠道企业为目标"。其实，梅西百货早在报告书公布前的2010年，就在旗下的部分店铺尝试性地引入了"Ship from Store"项目。该项目是指电商渠道售出的商品，无论是分拣还是配送，整个过程皆在附近的店铺进行。梅西百货由此获得业绩的大幅度提升，美国的其他零售业企业以及关联行业也开始推行全渠道模式。据美国国家广告商协会（ANA）的调查报告显示，"目前为止采用过全渠道模式"的企业已经占到总数的2/3（66%）左右。

"omni"这个词有"所有、全部"的意思。随着智能手机的出现，消费者在整个购物过程中，可以利用实体店、PC（个人

电脑）网站、移动终端（智能手机、平板电脑）、SNS（社交网络服务）、传统媒介（报纸、杂志、电视）、目录销售、DM 等"所有"销售渠道、信息渠道和物流渠道购买商品。

所谓的全渠道是"商家为了使消费者无论通过哪种渠道，都能够顺利地收集信息、购买商品而提出的横跨型渠道战略、概念以及为实现其而构建的商业模式"。（经济产业省《平成二十六年关于电子商务的市场调查》）

（2）与"多渠道销售"的区别

说得更简单一些，全渠道就是"为顾客提供多种购物入口（购买方法）、收货方法、支付方法、分拣方法以及递交方法，并根据顾客的需求有效地配送商品的商业模式"，"在顾客需要某种商品的时候，能够随时随地下单，并在任何地方取货"。这其实就是我们常说的供应链。

全渠道模式的出现使"逐渐被电商占领市场的零售业重新意识到拥有实体店的重要性，并引入电商平台，使原来的劣势变为优势"。

现实中，人们经常会混淆"全渠道"和"多渠道销售"这两个概念。其实"多渠道销售"只是提供了多种"购物入口"，而"全渠道"不但为顾客提供了多种购物渠道，还使顾客无论选择哪种购物渠道，都能自由地、无接缝地获取各类信息，实现全方位购物。由于"多渠道销售"在多重购物渠道与终端之间无法实现信息收集及购物的无缝化，因此通常可以认为"多渠道销售"在结构上是存在问题的。

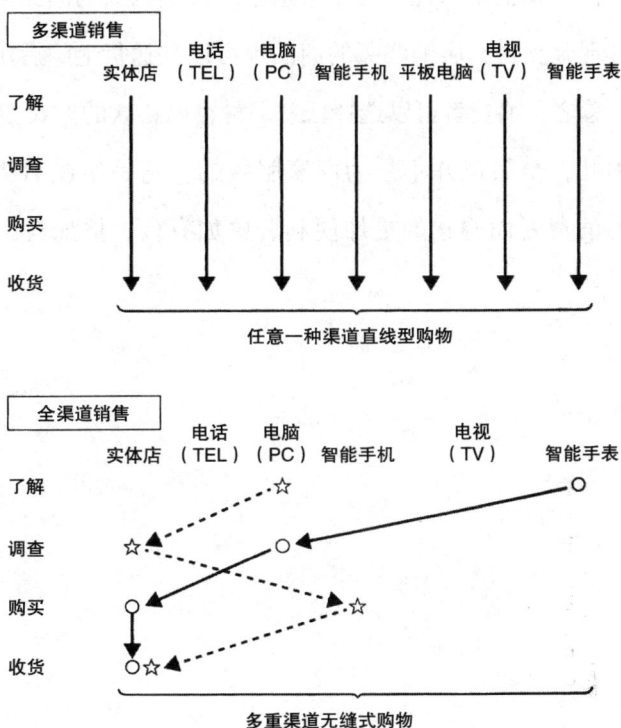

（出处）笔者绘制

图1-2　多渠道销售与全渠道销售的差别

此外，在取货的方式上，多渠道销售和全渠道也是不同的。在全渠道中，无论顾客通过何种渠道购买商品，都能够以相同的方式取货。网购的商品可以在店铺取货，在实体店购买的商品也能送货到家，诸如此类，消费者在购物过程中能够拥有多重选择。

支付方式也是如此。在全渠道中，网上购买的商品可以在店铺通过现金支付，店铺购买的商品也可以在送货上门后用信用卡支付。总之，消费者可以选择任意一种自己喜欢的方式结账。

因此，全渠道并不是为商家服务的，它是站在消费者的立场，为消费者而构建的更加便利、更加有效、更加自由的购物模式。

4 与传统的"网络与实体融合"的时代不同

（1）鼠标 + 水泥

实际上，在距今十几年前的 2000 年就曾提出过"网络与实体相融合"，即"鼠标 + 水泥（Click and Mortar）"的概念。"鼠标 + 水泥"中的"鼠标"是指网上的店铺，而"水泥"是指现实生活中的实体店。当时对这种形式的定位是，以网络商业与实体商业相结合的方式共同促进销售，达到 1+1＞2 的效果。

当时正值电商刚刚起步的时期。一般家庭的通信环境还不稳定，再加上上网的成本相当高，因此在输入住址和姓名等相关信息的时候需要断开网络连接，等输入结束后再重新连接网络，发送数据，而消费者每次都要重复这些现在看来无法想象的事情。不仅如此，由于不确定自己在下单过程中是否出现了错误，消费者通常还要特意打电话进行确认。

虽然网购的环境如此糟糕，但是仍然有许多实体店对网店心存忌惮。因为如果公司同时采取网上经营的形式，就有可能引起"共食现象"，实体店很担心这样的竞争会影响自身的营业额。

就这样，网店与实体店成了坐标轴上对立的两极。实体店的营业额一下降，首先被联想到的原因就是网店的影响，甚至听说有的实体店长和网店的负责人因此而关系恶化。

另一方面，为了达到 1+1 > 2 的效果，网络商业与实体商业在融合方面也提出了一些构想。比如在线上发送电子折扣券，由消费者在线下打印，这样消费者在店铺购物的时候就可以享受优惠（折扣或者赠品）。理论上讲，由于使用电子折扣券会带来实惠，消费者应该会一个劲地从网上下载打印，然后再去实体店内消费，这就是我们现在经常提及的 O2O（Online to Offline：线上至线下）模式。但是，这些操作需要花费一定的时间和精力，虽然有些餐厅取得了较好的效果，但是多数的零售行业都以"纸上谈兵"的形式结束了这场体验。

（2）智能手机登场，随心购环境齐备

由于智能手机的兴起，网店与实体店的关系发生了巨大的变化，O2O 模式得以简单地实现。这样的大环境使"从线上到线下，从线下到线上"这种无缝式的连接成为可能，消费者随时随地都能购买到自己想要的商品。

比如，网购中"购物车"使用方法的改变就是一个比较典型的例子。

在电脑作为唯一购物终端的时代，网购过程中一旦离开了座位，即使商品已经放入购物车或是加入购物电子清单，只要没有再次回到电脑前就无法操作下一步。大概很多人都有过这样的经历吧——本来很想购买某个商品，但随着时间的推移，欲望开始逐渐减弱，最后就放弃了。与此相比，如果在智能手机、平板电脑以及智能手表上使用"购物车"功能的话，那么无论是午休还是外出，只要有一点时间就可以继续"下一步"了。

随着网络的进步以及诸如智能手机、平板电脑这种简易通信设备的普及，实体商业与网络商业的融合效果开始显现。

美国梅西百货的CEO Terry Lundgren说，"客人在线上消费1美元，就会在线下再消费5.77美元"。无印良品的总公司"良品计划"也说，"如果消费者在店铺购物的平均消费是3万日元，那么在网上的消费就是4万日元，同时利用线上和线下，消费就会达到7万日元"。并且，据相关数据显示，同时利用线上和线下两种购物平台消费的顾客平均一年的消费额是只在线下消费的顾客的2倍。

5 全渠道化促使电子商务市场快速发展

（1）日本电子商务市场的规模

据日本经济产业省发表的调查报告（平成二十六年关于电子商务的市场调查）显示，2014 年日本国内电商市场的交易额超过 12 兆日元（12.797 兆日元，比前年增长 14.6%）。2008 年电商市场的交易额约 6.1 兆日元，六年间增长了 2 倍以上。同时，2014 年 12 月野村综合研究所（NRI）发表了题为《截至 2020 年 IT 主要市场规模及未来发展趋势展望》的报告，预测 2020 年的电商市场交易额将会达到 25.1 兆日元。

EC 化率比去年上升 0.52%，达到 4.37%。但是与在电子商务贸易方面走在前端的英国的 13.5%，美国的 7.0%（比去年同期增长 24.24%）相比还是比较低的，日本的电子商务市场还有很大的发展空间。

表 1-1　比较各国 EC 化率，日本仍处于低水平

国家	EC 化率
日本	4.37%
英国	13.5%
美国	7.0%
法国	6.9%
德国	10.0%

（出处）日本数据来自于经济产业省《平成二十六年日本经济社会信息化、服务化相关基础配备（关于电子商务贸易的市场调查）》；
美国数据来自于美利坚合众国国势调查局调查，2015 年第 1 季度；
其他数据来自于 The Centre for Retail Research 调查。

（2）智能手机的普及率达到 6 成以上

在全渠道中，智能手机和平板电脑作为商家与消费者的接触点备受关注。日本内阁府 2015 年 3 月发表的《消费动向调查》报告显示，日本智能手机的普及率比去年上升了 5.9%，达到60.6%；平板电脑的普及率提高了 7.4%，达到 28.3%。日本的各手机通信公司正积极开展针对包括高年龄层在内的中高年龄层智能手机的推广宣传活动。我认为，未来智能手机的普及率将会不断走高。

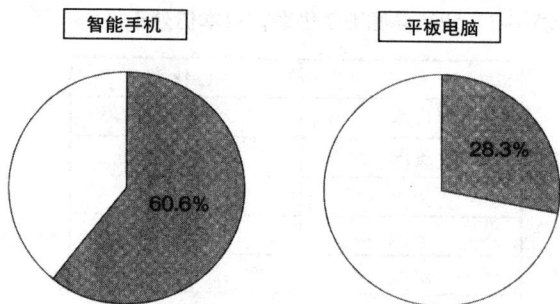

智能手机　　　　　　平板电脑

60.6%　　　　　28.3%

（出处）日本内阁府消费动向调查（2015年3月）

图1-3　智能手机与平板电脑的普及率

日本市场调查机构 MM 总研公布的统计资料显示，截至 2015 年 3 月末，日本国内的手机签约数是 1.2651 亿部。其中，智能手机为 6850 万部，占手机签约总量的 54.1%。另一方面，关于平板电脑的出货量，2013 年为 748 万台，2014 年为 929 万台，2015 年预计为 1070 万台，呈现逐年增长态势。仅仅累计这 3 年的出货量，就已经达到了 2747 万台，如果再加上智能手机的日本国内签约数，那么就接近 1 亿。而在全渠道模式中，智能手机和平板电脑都是必不可少的重要"渠道"。

据日本消费者厅公布的《平成二十五年消费者意识基本调查》报告显示，该年度（平成二十五年，即 2013 年）利用网络进行购物的人达到了 43.9%，越来越多的消费者开始采用这种"随时购，随地购"的消费形式。雅虎公司在 2015 年年度结算

（2014年4月—2015年3月）中发现，在电子商务流通总额中，利用智能手机下单比率达到34.0%，而乐天集团的2014年年度结算（2014年1月—2014年12月）也显示，移动终端比率（乐天市场移动终端流通总额/乐天市场流通总额）为44.0%，全部呈现增长势头。

6 消费者开始享受全渠道购物模式

（1）线下产品线上购，线上产品线下购

2015 年 4 月，日本宣传会议公司针对全渠道模式下的社会实际消费状况进行了调查。（《销售促进会议》2015 年 6 月号）

调查的对象是每月使用智能手机网购 1 次以上的用户，共 500 人（15 ~ 69 岁的男女）。结果显示，回答① "因为想买的东西实体店中没货了，所以通过网购的形式购买" 的用户占 80.2%；回答② "在网上认真查看了商品，比较网站和评价后，去实体店购买" 的占 68.6%；回答③ "在网上确认了想买的商品是否有库存后，去实体店购买" 的占 61.0%。

网上的商品比实体店的种类多，这原本就是网店的一大优势，所以①中的结果并不奇怪。但是②、③中 "往返于线上与线下" 的购物形式，恰恰说明消费者是在自主选择全渠道购物模式。虽然这次调查的对象都是有网购经历的人，但是我们仍然可以看出，消费者比想象中更能根据自己的需求，区别性地使用全渠道模式。

据说②、③的用户实际购买的商品中，"家电"的比率是最高的。2010 年以后，"线下产品线上购"这个词开始受到广泛关注。它是指"在店铺确认商品后，（主要是回到家利用电脑）在网上购买"的购物形式。这其中，受影响最大的就是家电量贩店。据说美国家电量贩店巨头百思买（Best Buy）近期萎靡不振的原因就是因为"线下产品线上购"的兴起。此外，通过此调查报告的结果，我们还能注意到另外一个现象，那就是先在网上收集商品相关信息及确认库存状况，然后再在实体店购买（在网上对照商品信息后购物的形式也称为"线上产品线下购"）的现象已经非常普遍了。

这项调查中，也询问了关于"网上的订单（预约）除了家中收货，还会选择在哪取货"的问题。约 3 成的人回答曾经有过在家以外的地方取货的经历，且取货地点的比率分别为："便利店 89.2%"，"宅配便门店 30.4%"，"实体店 10.8%"，"车站的投币式自动存放柜 5.4%"。消费者选择便利店取货的比率最高，这是因为便利店在日本随处可见，消费者可以在离自己最近的地方取货。实体店取货的比率较低大概是由于有些网店没有经营相应的实体店，或者即使拥有实体店也没有引入实体店取货机制的原因吧。另外，对于"为什么选择在家以外的地方取货"，理由最多的就是"时间的随意性"。

虽然该调查中仅有 3 成的消费者曾经在家以外的地方取过货，但是我认为随着实体店取货机制的逐渐完善，今后会有越来越多的人开始尝试这种形式。

以上现象说明，零售业（包含电商）逐步"全渠道化"的趋势与各经营业主的主观意向无关，而与消费者"自由利用多种渠道，享受购物"的自身选择有关。

（2）购物形式多样化成为可能

智能手机和平板电脑的快速普及使人们拥有了更多的购物形式。平日里，越来越多的人开始随身携带智能手机和平板电脑，这大大提高了购物的便利性。并且，随着 Facebook、Twitter 及 LINE 等社交媒介的兴起，消费者不仅能够获得来自商家的信息，还可以随时随地获得朋友关于各种商品的评价、推荐等信息。

正因为这样，消费者才能够简单地享用"查看商品比较网站和评价网站后再去实体店购买""在网上确认欲购商品是否有库存后去实体店购买"这类购物形式。在美国，消费者通过智能手机店内地图定位功能，不仅能在偌大的店铺中简单快捷地找到自己所需的商品，还能查询到供应此商品的其他连锁店。

那么，智能手机和平板电脑的出现给消费者的购物行为带来了怎样的变化呢？

智能手机出现前，如果去实体店购物，想比较价格的时候，需要事先在商品比较网站上进行查询，或者直接去各个店铺货比三家。但是智能手机出现后，即使是在店铺门前，甚至是在想要购买的商品面前，都可以简单便捷地利用手机上网查询相关信息。想看某件商品的实物时，以前一般需要事先去店铺，或是提前打电话确认店内的库存状况，但是现在只需要用智能手机就能简单地搜索到有库存的最近的店铺。网上的电子折扣券也是一样。在智能手机出现前，用户每次需要时都要下载打印，带到店铺。但是智能手机出现后，只要事先下载店铺专用App并结合手机的GPS功能，手机就可以在靠近店铺的时候自动接收电子优惠券。消费的时候，用户只需出示手机，就可以享受优惠。

另外，在智能手机出现前，"线下与线上融合"这个概念充其量也就是"线下产品线上购"，但是随着智能手机的兴起，不仅仅是"线下产品线上购"，"线上产品线下购"的模式也得以实现。网购商品的取货地点也不仅限于"送货到家"，出现了在指定的便利店取货、实体店取货等形式。

"先在智能手机上查看商品种类，到店里看看商品实物，再在网上下单，去便利店取货"，或是"网上下单⇒店铺支付＆取货"，"网上选货⇒店铺购买"，"智能手机查询产品信息⇒店铺比较购买"，等等。就这样，消费者在往返于网络与实体的同时享受着自由购物的乐趣。

实际上，我自己在购买咖啡机的时候也是如此。首先去实体店查看商品，然后用该店铺的专用 App 读取自己喜欢的 3 件商品的 JAN 码，回家后利用电脑进行商品比较，确认每家店铺的库存状况，指定店铺，用信用卡付账后去店铺取货。

第二章

网络购物的发展与实体店的攻防

1　美国开始减少的实体店

（1）20% 的大型购物娱乐中心经济萎靡

据说美国 1200 个大型购物娱乐中心中，有近 2 成的经营状况出现了萎靡（美国 CoStar Group 调查）。2015 年公布的报告中，关门的店铺已经达到 6000 家。导致这种局面最根本的原因就是电子商务的存在。

美国零售行业在 2011 年首次提出电子商务是"巨大的威胁"。那一年，在美国零售业协会（NRF）公布的美国国内营业额排行前 20 名的榜单中，亚马逊出人意料地首次崭露头角（第 19 名）。

当时，亚马逊的营业额是 185 亿美元，只相当于全美冠军沃尔玛营业额（3077 亿美元）的 1/16。那之后，亚马逊以年增长率 20% 以上的速度急速成长，在 2014 年的排行榜中超过了西尔斯（Sears）、西夫韦（Safeway）、梅西百货（Macy's）等公司，进入前 10 名（第 9 名，439 亿美元），营业额达到了沃尔玛（3343 亿美元）的约 1/8。

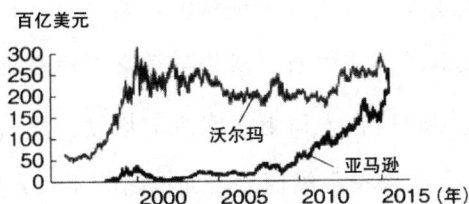

图2-1 亚马逊与沃尔玛的股票市价总值

亚马逊 2014 年的总营业额是 889 亿美元。沃尔玛 2014 年的总营业额是 4822 亿美元，是亚马逊的 5.4 倍。沃尔玛自 2008 年起，营业额增加了 1084 亿美元，仅 6 年中提高的部分就超过了亚马逊 2014 年的总营业额。

但是，股票市场对亚马逊却颇有信心。7 年来，沃尔玛的股票价格上涨了 1.7 倍，而亚马逊的股价大幅度提高到原来的 5 倍，在股票市价总值上竟然超过了沃尔玛。

电子商务的魅力之一在于货品齐全。相对于因受店面或仓库空间制约而导致陈列商品有限的实体店铺，电子商务完全不受物理空间的限制，能够为消费者提供各种商品。亚马逊之所以断言其"能够提供地球上最全的商品"就是因为电子商务的这一特点。

当然，全美出现那么多经营状况不佳或是亏损的店铺也并非仅仅是因为电子商务的出现。在日本，少子老龄化程度不断加深是造成流通零售行业这一现状的重要因素。现在，美国的老龄化趋势也很严重。之所以在相关数字上没有被明显表现出来，是因为美国政府在人口上有宏观的规划：当人口不增长的时候，政府就会给移民市民权，增加本国的年轻人数量。因此，事实上越来越多的人已经不愿意到这种具有明显美国烙印的大型购物娱乐中心去购物了。而电子商务却能够为这些人提供简单的商品查询方法（检索性）和价格比较方法（比较网站），使其足不出户就能享受送货上门等一系列便利的服务。

我想，这也是导致大型购物娱乐中心不断减少的一个重要因素。

（2）日本的购物中心从郊外中心型转型

日本流通行业的发展比美国晚 3 年。截止到 2015 年 7 月，日本共有约 3200 家购物中心。（数据来自一般社团法人日本购物中心协会，下同）

2007 年，日本在 97 个地方开设了购物中心，是历年的最高峰。那以后，购物中心的数量及其平均每个店铺的面积开始逐年减少。从开业地区的选定方面来看，2007 年前后郊外型（城市郊外的住宅地、农业用地等地区）占半数以上（6 成至 7 成）。

但是从那以后，选址地点逐渐向市区靠近，中心地区（市、町、村的商业机能聚集中心市街地）与周边地区（与市中心地段连接的商业、行政、商务等城市机能适度存在的地区）的购物中心数量不断增加，已经可以与郊外型购物中心抗衡。

以最近开业的店铺为例，郊外型购物中心有永旺综合购物中心幕张新都心店（店铺面积 12.8 万平方米），中心型购物中心有涩谷 Hikarie（店铺面积 2.2 万平方米），周边购物中心有武藏小杉东急广场（店铺面积 1.1204 万平方米），等等。

永旺集团的目标是，以实体店铺——永旺综合购物中心为基础，全面展开全渠道商业模式。

2 稳步增长的网购市场

（1）网络成为生活基础设施

网络已经成为人们日常生活中不可缺少的一部分。

我们想查询什么的时候，首先想到的就是通过网络进行检索。我们首次去某个地方的时候，想到的是通过网络查询交通工具、路径及前往目的地最合理的路线。我们到达最近的车站后，想到的是通过智能手机 GPS 定位功能进行导航。我们一旦有"好想要这个东西啊"的念头，就能立刻知道在哪家店能买到，价格是怎样的，是否有库存，什么时候能收到货。而在网络出现以前这些都是难以想象的。我们想买什么东西的时候，需要先打电话到附近的店铺询问是否有货，如果没有，看看店铺是否能够帮忙订货，总之一切都需要自己一一进行确认。但是现在不需要花费这么多时间，你可以直接在网上购买。除了这些，现在利用网络存钱和投资股票的人也不少。

据日本总务省的《通信利用动向调查报告》显示，近年来网络的使用率及普及率逐年提高，2014 年年末，上网的人数已经达到 1.0018 亿人，人口普及率为 82.8%。此项调查报告还统计了上网时终端设备的使用率：比较 2013 年和 2014 年，"家中的电脑""外面的电脑"和"（传统）手机"的使用率都在持续走低，但"智能手机"的使用率却在不断走高，智能手机成为继"家中的电脑"（2013 年 58.4%，2014 年 53.5%）后排在第二位的使用率较高的终端设备（2013 年 42.4%，2014 年 47.1%）。考虑到其今后的普及趋势以及不断攀高的使用率，想必智能手机马上就要跃居第一位了吧。在 20 多岁的年轻人当中，智能手机的使用率已经达到了 87.5%，大大超过了自家电脑的 67.3%。

虽然"平板电脑"的使用率还没有达到智能手机的程度，但也呈现出了持续增长的势头（2013 年 12.4%，2014 年 14.8%）。

（2）越来越多的人开始"用智能手机购物"

2014 年，日本 B2C 电商市场的规模超过了 12 兆日元。其规模大幅度提高的一个重要因素就是智能手机的普及。

在日本总务省的一项调查中，有近 3 成的消费者回答"因为有了智能手机，所以会经常使用'网购·竞卖'平台"（总务省《关于 ICT 进步对社会影响的调查研究》平成二十六年）。大型电子商务事业公司的结算资料也显示，来自智能手机的订单比率正在不断上升。在日本通信贩卖协会针对"网购中使用的终端设备"的调查中，10~30岁的人的智能手机使用率达到了30%左右（日本通信贩卖协会《关于网络购物的消费实态调查2013》）。

某家公司流传着这样一个故事。早晨，公司的女职员们在一起开心地交谈着："今天午休的时候去购物吧。"到了中午，记得这件事情的上司发现，女职员们完全没有要出去购物的意思，于是就对其中一个人说："你不是要出去购物吗？"女职员回答道："早就买完了。"原来这位女职员所说的购物并不是"店铺内的购物"，而是利用智能手机的"网购"。但是在上司的潜意识里，"购物"这个词就是指去实体店买东西，如果是在网上买东西的话，应该明确说明"在网上购物"。现在的年轻人已经无所谓网络还是实体店，统统将之称为"购物"，这让上司感到十分惊讶。

实际上，这是一家负责普通手机和智能手机内容制作的大公司。作为公司的管理层应该是非常清楚智能手机用户的行为以及智能手机的使用状况的。但是通过这个故事我们发现，年轻一代的智能手机用户已经开始模糊网络与实体之间的界限，这种发展已经超越了专业人士原有的认知。

（3）网络的进化

随着智能手机、平板电脑的迅速普及和网络速度的提升，网络的使用开始逐步转向以"移动终端"为中心。其相应的服务、内容核心也与之前以传统手机为中心的时代大相径庭。特别是像"SNS""网购·竞拍""动画视听"这样的网络平台，在传统手机的时代几乎是不被使用的，但在智能手机用户中的使用率却达到了 4~6 成（总务省《关于 ICT 进步对社会影响的调查研究》平成二十六年）。并且，智能手机用户 3 人中就有 1 人回答"正在使用这 3 种平台服务中的 1 个"。而在传统手机的时代，有 7 成以上的用户没有使用过这 3 种平台中的任何 1 个。这些都说明，"收看产品的宣传视频和促销视频→利用 SNS 查询商品以及相关的服务评价→进行购物"这一消费模式，正在随着智能手机的出现快速发展。

3　什么是"消费的网络转移"

（1）消费者和网络的距离缩短

智能手机的出现大大拉近了消费者与网络之间的距离。

首先，智能手机可以在系统运行的状态下随身携带。它不会像电脑一样，每次使用都得重新开机，花费很多时间，也不会像传统手机那样，不但输送数据速度缓慢，能够利用的平台也受限（适用的 App 少）。此外，从购物行为这一点看，如果某件商品的实物就在眼前，智能手机的用户可以利用手机快速上网，在 SNS 上查询该商品的评价、推荐信息以及在其他店铺的价格和销售情况。

其次，在决定购买某件商品后，对于"在什么地方买"这种购物地点的选择问题，智能手机提供给消费者的选项也增多了：是选择在价格稍微便宜的地方购买，还是优先考虑收到商品的时间（在店铺购买的话，当日就能入手），还是在咨询到更详细的商品信息后再决定（考虑售后服务），等等。消费者现在拥有更多的选项，但是无论最终的决定是在网上购买，还是在眼前的实体店购买都一定会使用网络，这就是智能手机普及时代消费者的购物行为特征。这种行为也叫作"消费的网络转移"，即消费者改变以前的购物形式，逐步移至网络，通过网络进行购物。

（2）对实体店的销售也非常有利

其实，前面提到的"线下产品线上购""线上产品线下购"都是"消费的网络转移"这一现象的表现形式。最近，很多大型店铺和便利店都覆盖了 WiFi 无线网络，使消费者能够在店内更顺畅地在"线上"网络与"线下"实体中穿梭。

我们在线上购物的时候，经常会出现这样的现象：在网上查询的店铺和最后购买的店铺是不同的。在"线下产品线上购"或"线上产品线下购"的时候也会这样。比如，最后是选择在友都八喜实体店购买，还是在友都八喜的网店购买，会出现多种选择。当然，也有可能在友都八喜的秋叶原店内使用智能手机下单购买，然后指定在上野店取货。

据美国一家企业的数据显示，这种网络随时下单的消费形式对实体店的销售是非常有利的。

"来店铺之前，在网上查询过相关信息的客人，其在店内停留的时间是未上网顾客的 2 ~ 4 倍"，"在网上查询之后来店里的客人，比没在网上查询的客人更愿意与店员交流"。像这样，上网查询后再来店铺的顾客与店员的交流明显变多，在店内停留的时间也变长，通常，其购买的商品和消费的金额也会增多。

美国当代著名心理学家扎荣茨（Robert Zajonc）曾提出过"单纯接触效果"理论。他认为，"随着接触次数的增加，好感度会提升"。所以我认为，随着商家与顾客之间接触的增多，彼此之间的亲近感和销售额都会有所提升。

4 全渠道的必要性及其背景

（1）超高龄化和人口减少

2010 年前后，开始出现"购物弱者""购物难民"这样的词汇。昔日的商业街和站前超市等的停业，给该地区的居民造成了很大困扰，人们无法正常购买生活用品。为了解决这一社会问题并帮助附近居民，日本国家和地方政府积极研究对策，制定了支持各企业、团体开展援助项目以及发放补助金等制度。在这一系列尝试中，也包括向他们提供随叫随到服务，开设移动店铺以及实际调查当地居民利用平板电脑在网上超市购物的情况等。

未来，日本社会的"购物弱者""购物难民"应该还不至于达到严重的程度。但是，今后将会出现很多对日常生活感到不方便的人，生活方式也会随之变化，而这其中是有社会原因的。

首先是日本社会的超高龄化和总人口的减少。

2014 年 10 月，日本老年人口（65 岁以上）超过了儿童少年人口（0~14 岁）的 2 倍；2015 年 3 月，65 岁以上人口达到了总人口的 1/4（约 3341 万人）。据日本国立社会保障·人口问题研究所推算，未来的老年人口至少会占到全国人口的 4 成。健康寿命是指健康上没有问题，能够维持正常生活的年限。其中，男性的健康寿命是 71.19 岁，女性是 74.21 岁（皆为 2013 年统计数据），因此老年人口并不等于生活不能自理的人数，但即便如此，老年人的生活状态也不可能与青壮年一样。

针对老年人的实际情况，大型流通零售业正在积极研究对策，采取相应措施。

比如，开发以高龄者为主要客户群体的商品并提供相关服务。针对不方便到郊外大型购物中心购物的群体，商家不仅在城市中布局了更便利的小型超市，还在线上开设了专门网店，供应和超市相同的商品。有些客户会在实体店购买饮用水等重物或卫生纸、尿不湿等大体积商品，商家会为这部分群体提供送货到家服务、接送到店服务以及更换安装灯泡服务等。就这样，为了应对超高龄社会的到来，弥补老年人因为体力不足而带来的生活不便，各商家积极采取措施，从各个方面进行了尝试。这也从一个侧面反映出全渠道的措施中包含着对超高龄化社会的应对。

（2）女性进入社会

随着越来越多的女性进入社会，生活和购物方式也发生了变化。

一边做家务、育儿，一边工作的女性为了实现工作与生活的平衡，总会有意识地节约时间。平日里，她们在如何合理地利用时间，如何以某种"偷工"形式提高效率上很是用心。

网络邮购、网络超市以及各种类型的送货到家服务，对于这些女性来说简直如获至宝。但是，在"收货"这一点上，似乎有很多不满。宅配便的指定时间范围一般是两个小时之内，但是很多职业女性认为两个小时对于她们来说太长了。

人类对便利的追求永无止境。网络邮购等媒介每天都会发送各种个性化的推荐，专用 App 也会推送各类信息，人们发现自己的喜好和行为方式竟被分析得如此透彻。既然这样，人们也就更希望商品能够在精确的时间送达，这一点倒也可以理解。

（3）世带构成人员的减少

日本人口在 2009 年达到顶峰，之后便持续减少。与此相对，世带数（译者注：独立门户数量，例如，无论是 2 代人还是 3 代人等，只要住在一户住宅中就以"1 世带"计算）却在 1968 年以后逐年增加。也就是说，每 1 世带的平均构成人员数量是在持续减少的（1968 年 3.76 人 ⇒ 2015 年 2.28 人）。2010 年的国势调查报告显示，全部世带中约 1/3（1679 万世带）属于单身世带。

晚婚化的确是其中一个原因，但是最大的原因还是城市中高龄世带独居比率的急速增加。特别是东京独居的高龄世带比率已经超过各都道府县（译者注：日本行政划分），达到 38.8%。其中，因为当年由地方涌入东京的"团块世代（译者注："二战"后人口出生高峰时期出生的人群）"的配偶逝去等原因而成为"独居高龄者"的案例正在持续增加。

以前，很多商品服务都是以"平均的家庭模型（拥有 2 个孩子的 4 人家庭）"为基准而设计的。但是，现在单身独居者已经占据了全部世带的 1/3 以上，是时候转变一下这一直以来的想法了。

比如，送货的时候，不要认为"客户家里一定有人"，要事先考虑好无人在家时应该如何高效应对（再配送、店铺取货、专用取货箱，等等），也要在平时多留意"哪个时间段客户在家的概率比较高"，"送货的星期不同，是否会有所不同"，"客户是否愿意让自己看到他家中的情况"等这类事情。

日本社会在不断地发生变化，特别是对于现在的流通零售业来说，如何建立与客户之间的接触点已经成了摆在面前的重大课题。

在人口减少和少子老龄化加剧的社会大背景下，市场缩小是无法避免的。面对这样严峻的情况，预先构建与客户之间的接触点就显得尤为重要。全渠道就是全方位构建满足客户需求的地点、时间、方式的商业模式。可以说，全渠道化将是未来流通零售业发展不可缺少的战略。

综上所述，如何构建高水平的供应链将直接影响到今后零售业的成败。

5　在全渠道中实现竞争优势

（1）不仅仅是能够选择收货地点

很多人认为全渠道就是通过 EC（电子商务）购买商品，在取货的时候，不仅可以选择送货上门的宅配服务，还可以到实体店、24 小时便利店、宅配物流中心等地方取货。但是，这些只能说明商家为顾客提供了自由度更高的收货地点（从企业的角度看，仅仅是增加了商品的交货地点），并不能显示全渠道更深层的含义。

"能够在任何时间、任何地点（包括店铺、电脑、智能手机以及平板电脑等）购物；能够选择任何方便的时间和地点取货；取货的地点可以指定在店铺、自己家中或是便利店；支付方式可以是网上付款，也可以店面付款，可以是现金，也可以用卡"，这种以消费者、生活者为主体的销售模式就是全渠道。全渠道为消费者提供了一个能够在购物全程中完全不受制约的、依照个人喜好和个人实际状况自由选择购物方式的模式；是一个无须在乎何时何地，只凭自己需求就可以利用 IT 随时购物的、无处不在的世界。

（2）能够自由利用多种购物渠道的时代

想要实现全渠道这一构想，必须转换原本的思考模式。

近数十年来，市场营销和商品开发领域经常强调"消费者的需求才是商业成功的秘诀"这一理念。也就是说，商业的成功不是"来自产品"（这是制造商和零售商的思维模式，思考如何能够在技术或是成本上有所突破），而是应该"回归市场"（思考消费者、生活者需要什么，提供什么样的服务能使他们的生活变得更加便利，等等）。但是在这里我们忽略了一点，就是从消费者的视角，思考以何种形式、在什么地方取货这个问题。

当然，可能有人会说"需要某种商品的话，去店铺买就可以了"，"不是还有网店吗？也可以去那里买呀"。的确，如果是与店铺（包括网店）接触相对受限的时代，如何"让顾客特意过来买东西"确实很重要。但是，现在网店已经不是什么稀奇的事物了，就连经营实体店的企业，也会同时开设多家网店。而且，随着智能手机和平板电脑的普及，现在人们已经能够随时随地在网上购物了。

在我们的生活中，既有乐天和雅虎这样的网上购物商场，也有亚马逊这样的超大型网上店铺，还有可以通过 SNS 平台进入的各类网店。当然，有的时候"还是想去店铺看看实物，亲自触摸一下"。我们已经迎来了一个大部分消费者能够利用包括线上和线下多种购物渠道自由购物的时代。

（3）竞争优势在于"这也能办到"

另一方面，现在我们想要实际拿到商品主要还是局限在要么在店铺直接购买，要么让宅配便送货到家。因此，构建随时随地都能取到商品的机制，对于商品的供应方（厂家或零售店）来说，是一件"既辛苦又麻烦"的事情。但是，对于消费者而言，只是感觉在购物的选择自由度上，"选项稍微多了一点"而已吧。

具体的商品流动，也就是说物流是消费者很难看到的。消费者知道店铺在什么地方，去店铺就有商品，却并不知道商品是怎样送过来的。本来，对于消费者而言，只要商品能够实实在在地送到自己手中，那么它是怎样被送过来的，花费了多少时间，伴随着怎样繁杂的过程，这一切就算不知道也无所谓。于是，可能有人会问："那到底应该怎么办呢？"我认为，商家不应该以让消费者感到"现在真方便啊"为目标，而应该多思考能够让消费者觉得"这样的事情如果能办到的话就选他家"，"这家店真好，下次还来"这样的功能。谁能做到这些，谁就能处于竞争的优势位置。这就像是拳击比赛中击打肚脐以上腹部位置一样有效，足以扳倒对手。

其实，"现在变得好方便啊"这句话倒过来听，就是在潜意识里对某件事情一直感觉不便。这种不满情绪是否有所减轻，是否提高了些许的满意度，这些都很难讲。我认为，为消费者提供超越其期待值的服务，也就是说，彻底明白消费者的需求是很必要的。这样做才能够构筑真正的全渠道。

6 全渠道实现的条件

（1）商品库存的一元管理

实现具备竞争优势的全渠道战略需要几个条件。具体内容将在第三章中详述，这里先简单叙述一下。

首先，是"商品库存的一元管理"。

在全渠道中，将商品在合适的时间送到顾客指定的地点是很重要的。比如，某位客人没有时间外出购物，于是在网店下了单。因为是急需商品，所以想到附近的店铺（A店）取货。如果A店有库存，那么顾客直接过去取货是最有效率的办法；如果A店没有库存，那么可以从附近有库存的店铺中调货，或者让物流中心为A店送货等。

这些应对措施能够实现是由于商品库存的一元管理。所需商品在A店的货架上、在B店的店内仓库中、在物流中心、正在从物流中心配送到C店途中等，虽然地点、状况等各不相同，但是无论是数量还是位置信息，几乎都能够实时把握。这里需要注意的是"网络订单与库存要相互关联"。因为在还没实现库存的一元管理的时候，虽说恰巧 A 店有库存，但是如果将 A 店的库存作为网络订单商品送到网店指定的送货地点的话，就会出现"店铺的营业额没有增加，店铺库存却减少了"的状况。

如果这种库存的一元管理能够实现的话，那么"没有库存"这个概念也会发生变化。以前，如果物流中心没有存货，就会被认为是"没有库存"。实现一元管理后，虽然物流中心没有库存，但是其他的店铺、店内仓库、网店或是移动的货车中可能有能够作为商品销售的库存。这样一来，错失销售机会的概率减少，相应产品的库存周转率提升，经营效率也会随之提高，这些对全公司而言都是有利的。

（2）价格的统一

其次，是"价格的统一"。

有时我们会发现，实体店和网店的价格被有意地差别化。商品的价格容易被比较是网络邮购的特征。因此，为了使商品更具价格竞争力，一般网上的定价都会比实体店便宜。另外，有的时候，商家还会追加上涨的配送运费以及捆包作业等配送成本，如果拥有多家店铺的话，为了应对购物中心的竞争，还会调整商品价格。但是，如果全面开展全渠道，那么这种价格战略的意义就会越来越弱，原本的缺点就会越来越明显。因为为了满足顾客所希望的"无论何时，无论何地"，商品必须能够在"无论何时，无论何地"都以相同的销售价格提供。

比如，假设某商品在实体店中的价格参差不齐，你去实体店取手机下单的商品时，发现店铺的价格更便宜，这时你会怎么想？再比如，假设你在实体店听了店员的商品说明后感觉很满意，购买了某件商品，后来发现网上的价格比这个便宜，你难道不会感到不满吗？

有人会说，消费者希望"无论何时，无论何地"都能购物的想法，未免有些要求过高了吧。

随着 IT 的进步，人们能够通过各种购物渠道选购自己喜欢的东西，因为消费者所处的优势地位，被选择一方的零售店和企业不得不配合消费者的需求。但是，无论是送货上门的日期指定服务，还是 EC 商品的实体店取货，或是便利店的 24 小时取货，都是基于"回归市场"的思想产生，并结合其背后的物流系统化、效率化才实现的。"无论何时，无论何地"也与这些一样，正是因为重新审视了整个物流，或者说整个供应链，构建出了符合时代需求、消费者期待值的模式、流程、系统，全渠道这一构想才得以实现。

第三章

全渠道的成功条件与实践步骤

1 比较 O2O 和全渠道

（1）O2O 和全渠道的区别

几年前，"O2O（Online to Offline）"作为现实生活中网络与实体的融合受到了人们的广泛关注。O2O 在广义上是指"网店或社交媒介等的'线上（Online）'方和代表实体店的'线下（Offline）'方在销售商品时相互合作，相互融合的一系列模式及组合"（总务省《平成二十六年版信息通讯白皮书》）。实际上，很多时候 O2O 就是"从线上吸引客户到线下"的意思。有些人认为全渠道是"O2O 的延伸，或者 O2O 的进化型"，在这一点上我有些不同的想法。

O2O 是一种通过网络吸引客户到实体店的市场营销手法，而与此相对，全渠道的核心是供应链。因为从供货商到销售商的输送途径是实时变化的，所以非常难以管理。全渠道是全公司性的战略，必须重新构建以供应链为核心的商业模式。

我曾经参加过一次围绕全渠道召开的专项讨论会，其中有包括世界零售巨头乐购公司（TESCO）在内的，来自世界多个国家的大约 20 人出席。在那次会议中，比起"市场营销"，"物流（Logistics）"这个单词以压倒性的优势被大家屡次提及。而且，在 2011 年实践全渠道模式的美国"吉他中心（Guitar Center）"的全渠道负责人，就是物流方面的专家。全渠道的课题就是物流的课题，也就是说，物流是全渠道开展的核心，这种对物流的认识已经得到了世界的广泛认可。

（2）O2O 的基本观点

全渠道并不是 O2O 这种市场营销手法的简单进化型。但为了更好地理解现在备受瞩目的全渠道概念，最好先在脑海里大概了解一下 O2O。

O2O 的原型出现在近 20 年前的网络黎明期，也就是前面提到的"鼠标 + 水泥"。O2O 指的是实体与网络相融合，以实体店与网店相结合的方式来共同促进销售的想法。

虽然理论上是可能的，但是因为需要经过"通过电脑在网上搜索信息⇒下载打印打折券、礼品券等⇒带去店铺，每次出示"这样的过程，所以如果不是相当好奇，或是喜欢体验新事物的人（早期尝试者）的话，是不会想去积极尝试的。由于体验"鼠标 + 水泥"模式时，每一次的过程都需要"特意"操作，所以这种模式并没有被大多数消费者接受。从通讯环境及优惠力度这一点看，我认为也缺乏能够吸引消费者的动力。

在此之后十几年过去了，网络的通讯环境已经完全实现了高速连接（光纤连接）。而且，基于互联网行为大数据的用户个性化需求分析技术的精度也大幅度提高，越来越多的人习惯随身携带智能手机和平板电脑，比起生产厂家和销售店铺发布的信息，他们更愿意广泛传播来自于其他用户或博客作者等第三方的信息。于是，原本被时代忽略的"鼠标 + 水泥"模式开始作为 O2O 被关注。

最初在美国开始被关注的 O2O 是一种简单的模式：它利用手机短信服务（SMS）发送消息，吸引消费者去店铺。之后，多功能电话和被称为超小型电脑的智能手机诞生。于是，"（作为位置信息的）GPS + 专用 App"这种现在主流的、近乎于实时形式的、从线上吸引客户到线下的销售模式成为可能。

因为周边环境的变化，在消费者购买商品和利用服务的消费者行为模式中出现了新的样式。在以前的消费模式中，比较有名的是"AIDMA"模式。"AIDMA"是指消费者在决定购买某件商品时，需要经过"关注（Attention）⇒兴趣（Interest）⇒欲求（Desire）⇒记忆（Memory）⇒行动（Action）"的过程。商家通过判断顾客所处的状态，采取与之对应的沟通战略，以达到提高营业额的目的。

（3）从 AIDMA 到 ARASL——基于智能手机的变化

但是，随着越来越多的人随身携带智能手机和平板电脑，这种过程发生了变化。其一，是从介绍商品及服务到实际购买的全过程，都通过智能手机来引导消费者的方法。其二，是商品售后评价体系的建立。这其中比较具有代表性的是野村综合研究所提出的"ARASL"模式。

"ARASL"是由"认知（Attention）⇒吸引新客（Reach）⇒购买（Action）⇒分享（Share）⇒再次购买（Loyal）"的第一个字母组合而成的单词。具体来说，就是"消费者通过网络了解实体店及产品信息 =Attention ⇒通过智能手机获取优惠券及信息，利用导航等功能前往实体店 =Reach ⇒利用智能手机的支付功能购买商品 =Action ⇒利用社交媒介与朋友共享信息 = Share ⇒通过积分和互动游戏，吸引顾客再次光临店铺 = Loyal"这样的流程。

现在，各企业相继推出了多种促进流程改善的服务。比如，能够发行优惠券及积分的 LINE 的"LINE@（企业与客户沟通平台）"，乐天集团的"Sumapo（进店积分）""乐天 Check-in（会员进店积分）"等服务，手游公司 COLOPL 的位置移动游戏"Coloni 的生活"，能够签到附近无印良品实体店的"MUJI passport"，通过提供商品的实时库存信息吸引消费者的东急手创的"东急 HandsNet"，丸善书店·淳久堂书店的"丸善 & 淳久堂网店"，能够分享用户评价信息的"价格 .com"，istyle 公司的"@cosme"，美食点评网站的"Retty"等平台，能够下单的店铺终端（永旺的"触屏—下单"、北村相机等），能够用智能手机支付的移动支付（Square 的"Square"，日本 PayPal 的"PayPal Here"），等等。

（4）O2O 的改进版 Shopkick

作为 O2O 的改进版，我从 2011 年起就关注了美国创业公司 Shopkick 推出的"Shopkick"服务。这种服务在原来的"GPS+App"模式基础上添加了"低频率 BOX"功能，用户一旦进入与 Shopkick 有合作关系的店铺，智能手机就会接收"低频率 BOX"发出的信号自动签到，帮助用户获得进店积分。另外，用户也能够通过各种游戏化的方式获取积分。

用户下载专用 App，进入有合作关系的店铺后，智能手机就会感应到店铺内的低频率电波，自动启动 App，获得进店积分。扫描指定商品的条形码购买该商品，还能继续积分，得到更多的优惠。

Shopkick 还可以向未进店的其他 App 用户发送直邮广告，在用户经过店铺周边时发送信息，吸引他们进店。以梅西百货、塔基特（Target）、百思买、杰西潘尼（J.C.Penney）、卡夫（Kraft）、联合利华、P&G、迪士尼商店、Sports Authority 为首的24 家企业加入其中，全美已经有 27 万家店铺使用 Shopkick，据说用户达到了 1300 万人。据尼尔森市场调研公司的调查数据显示，2012 年 Shopkick 已经一跃成为使用时间最长的购物 App。

Shopkick 创建于 2009 年 2 月，于 2014 年 10 月被韩国著名移动电商平台 SK planet 以约 200 亿日元（2 亿美元）的价格收购。

（5）来自于 App 的推送

以前，在利用网络的个性化营销中，有一种比较有效的手法是向用户定期发送电邮杂志。商家会利用问卷调查、宣传活动企划、招募体验者等各种方法获取用户的手机邮箱地址，积极地发送电邮杂志。但是时间一长，用户就失去了新奇感，就算向用户手机发送电邮杂志，用户也很少打开来看，电邮杂志的促销效果已经大不如前。

取代电邮杂志的是智能手机专用 App 的推送。推送能够结合顾客的（根据 GPS 的）定位信息及注册信息（事先选定的经常光顾的店铺），即使在 App 没有启动的情况下，也能够向安装 App 的智能手机用户发送消息。因为 App 是用户自身主动安装的，所以对于发送过来的信息，用户们基本上都是非常乐意接受的。

美国最近公布的一项调查显示，如果顾客在某个店铺中，"发现店铺有促销和派发小礼品等优惠活动的信息，但是自己却没有接到通知"的话，会有 6 成的人感到不满。

如果是以前，这样的通知一出现，人们就会感到很厌烦，但是现在却正相反。我想，日本将来也会变成这样吧。

（6）提高接触频率，吸引顾客

现在的消费者会在网上留下很多信息。网上的所有行为会作为大数据被累加分析，消费者通过何种渠道，购买了什么商品等，商家都会有所把握。今后，基于这种大数据接收针对个人提出的个性化方案的消费者会越来越多。网上的这种基于客户行为大数据提供有效商品信息的方法，也可以运用在客户的实际购物中。

在本章节的开头，我们曾提到过，相对于O2O的吸引顾客进店的市场营销模式，全渠道采取的是一种供应链战略。

O2O的目标是吸引线上用户，尤其是使用智能手机的每一位用户光顾实体店并能够保持持续利用，也就是说O2O的核心在于"向实体店引客"。与此相对，全渠道不仅仅局限于店铺，它是通过购买商品、利用服务等所有接触点，增加和顾客之间的接触频率，提高顾客满意度及巩固忠诚度的一种战略。以前，吸引顾客主要是基于积分卡的客户关系管理（CRM），而今后基于全渠道战略的便利满意度将会成为巩固客户的关键。

2 缺少物流功能，全渠道只能纸上谈兵

（1）购物便利性的飞跃提升

以前，决定购买什么商品的时候，购买地点也几乎是确定的。比如说，买书和杂志就去附近的书店，买生鲜品就去最近的超市，礼品就去百货商店或者综合超市。也就是说，过去我们在购物时能够选择的店铺数量和种类是有限的。

但是现在，只要是有点规模的城市，都无须像以前一样在乎营业时间，任何时候我们都能去 24 小时便利店购物。像三明治、便当这种注重新鲜度的商品，店铺里不会摆放前一天剩下的，因此顾客无论何时都能买到新鲜的食物。即使是人气商品，几乎也不会有缺货的现象发生。

现在，通过网购几乎能够买到所有的商品。在网上购物的时候，虽然可以 24 小时下单，但是商品到达自己手中还是需要花费一些时间的。不过，商品何时送达在下单的时候能大概估计出来，而且也可以指定收货时间。最近，能够当日取货的服务也已经不稀奇了。而且，在取货地点上，除了自

己家中，还可以选择在便利店或是最近的店铺等家以外的地方取货。

从我的自身经历来讲，我曾经有一次早晨7点钟在某家家电量贩店的网店下单并选择了"在附近的店铺取货"的服务。8点15分的时候我收到了店铺发来的"商品已经准备好"的邮件，当时真是吓了一跳。同样有一次，我本来已经选购好了某件商品，但在决定下单的时候，由于不知道什么时候到货，最终还是在网上支付前的瞬间取消了订单。

（2）便利性背后的物流

以上这些服务，对于一般的消费者而言，可能仅仅就是一句"变得方便了"。但是，在"各种商品能够尽早地、稳妥地、准确地送到消费者手中；消费者可以选择在店铺、家中、便利店等多个地点取货"的背后，实际上是接受订单、确认商品库存信息、确认库存所在地、选择送往目的地的配送方法、商品的分拣、包装作业、出货、送货等一系列流程在严密地、有效率地进行着。这种从接受订单到出货送货的过程，就是所谓的"供应链"或者"物流"。有的企业是自家公司构筑这样的过程，有的企业则会委托专门的公司运营。每家企业的想法和战略不同，所采取的方法也是多种多样的。

但有一点是可以肯定的，那就是对于习惯了"这种便利性"，认为"能够方便购物是理所当然"的消费者而言，他们已经无法接受任何不能"随时体验到这种便利服务"的其他方式了。在现在这样一个商品及店铺的选项都如此丰富的时代，"连理所当然的事情都做不到或做不到位"的商品和店铺，已经不具备被选择的基本条件了。在今后将会变得越来越苛刻的消费市场中，它们可能连竞争的基本资格都没有了。

在零售流通行业中，物流被长期置于后方。而且，通常是被尽可能压缩成本（越便宜越好）的部分。但是现在，物流已经出现了差别化，成为确立企业竞争优势地位的王牌。换句话说，以前是"成本中心（Cost Center）"的物流，如今已摇身一变，成了"利益中心（Profit Center）"。由此可见，是否能够战略性地把握物流，将直接决定能否实现全渠道，能否最终成为购物环境"超级便利"时代的胜利者。

（3）物流的六大功能

为了今后能够更好地从战略性的角度运用物流，首先需要了解一下物流的基本功能。

物流主要有六大基本功能，分别为运输配送、储存、装卸、包装、流通加工和信息处理。

①运输配送。就像汉字所表示的那样，是运输和配送的意思。有的人可能认为运输和配送是同一个意思，但实际上这两者之间有着非常明显的不同。

运输是指从 A 地点搬运到 B 地点。比如，从仙台的工厂运到千叶县的批发公司的仓库。而配送是指从 A 地点出发，运到 B、C 等多个地点。比如，从千叶县的仓库运到千叶县内的两个交货地点（千叶市内和幕张的零售店）。

在日本，开展运输配送业务的物流公司叫"运送公司"。运送方法有很多种：运输配送单个商品的是"宅配"；运输 100 公斤左右的是"特积（译者注：特别积累一起统一运输）"；利用一台货车运输的是"贷切"。

②储存。提到储存，通常被认为只是在仓库里存放商品。但是实际上，"储存"中一定要具备库存管理这一基本功能。储存的商品在实际利用后，如果数量出现了减少，那么储存功能就失去了原本的价值。

在这里，库存管理含有两方面的意思。一个是"库存的数量管理"，另一个是"库存的位置管理"。

表 3-1　物流的六大基本功能

①运输配送	运输商品
②储存	储存商品
③装卸	工人作业
④包装	包装商品
⑤流通加工	加工商品
⑥信息处理	开发运营信息处理系统

"数量管理"的含义就像汉字所表示的那样，是指追踪数量变化的管理。比如，商品 X 在月初入库 1000 箱，10 日出库 500 箱，20 日再入库 100 箱。这样月末的时候，仓库的管理人员要掌握好仓库内现有 600 箱库存的情况。

"库存的位置管理"是指管理商品 X 在哪个仓库的哪个位置。如果不能很好地进行位置管理，那么分拣商品的时候就会很难找到所需商品，花费很多时间，降低生产效率。

③装卸。装卸在日语中写成"荷役"，指工人的作业。包括入库、搬运、出货等商品处理工作。前面我们已经区分了运输与配送的区别，还有一个类似的词语就是搬运。搬运这个词与装卸有很大关系，是指货品在区域内（工厂内或仓库内）的移动。

④包装。包装分为个装、内装和外装。举一个比较简单的例子，350 毫升的罐装啤酒（6 罐组成的独立包装 ×4 个），其

中，1个罐装是个装，6罐组成的独立包装是内装，装着4个6罐组成的独立包装，即24罐啤酒的箱子是外装。

⑤流通加工。流通加工是指在商品上进行加工的作业。比如，送去零售店前在衬衫上贴价签、在外国化妆品上粘贴用日语标注成分的标签、在饮料瓶上系上赠品等这类的工作都属于流通加工。

⑥信息处理。以前，在流通行业的物流中，零售连锁店都拥有自己的信息处理系统。如果俯瞰负责装卸物流的仓库公司，你会发现下面排满了黑底绿字的标有"大荣（Daiei）""伊藤洋华堂""吉之岛（JUSCO）""麦凯乐"等字样的各种办公电脑。但是现在，很多物流公司都拥有了自己的信息处理系统，就算供应商或送货地点不同，也能利用相同的系统作业。

（4）战略物流的八大功能

前面我们已经简单地介绍了物流的基本功能，并且这些功能都是物流公司可以提供的。但是仅仅依靠这些，是无法解决"是在家中等待宅急便送货到家，到日常生活中经常去的附近的便利店取货，还是直接到店铺取货"，或者"是今天取货，明天取货，还是什么时候取货"等类似的全渠道问题的。因此，为了实现全渠道，供应商（比如零售连锁店）还应该具备管理和调整这两个物流功能。

这里所说的管理，是指管理物流六大功能整体的功能。物流成本计算是管理功能的第一步。物流成本计算按月进行，通过在每月的会议上分析数字，研究增减原因，来达到降低成本或者控制成本的目的。

整体把握物流的六大功能，使我们开始思考是否需要再设置仓库据点、改变配送方法、向生产部门提出要求等问题。此外，是将业务委托给为企业全面提供外包服务的 3PL（第三方物流），还是变更现在的委托方，我们考虑这些事情也要基于管理功能的实现。

实现了物流管理之后，就会开始意识到压缩成本、提高物流质量以及实施物流改革的必要性。但很多情况下，一些问题是无法单靠物流部门解决的，需要部门间的调整。

比如，假设已将生产出来的商品从工厂仓库运输到了消费地就近的仓库，但是后来没有卖光，这种情况下，就需要在消费地就近的仓库里废弃该商品，并且在今后只运输能够卖完的量。但是在这一点上，仅仅依靠物流部门是无法决断，也无法控制运输量的。我觉得在未来，物流部门的要求、各部门的调整是否能够顺利并大胆地实行，将会变得越来越重要。

物流的六大基本功能结合供应商应该实现的这两大功能，就是我认为的战略物流的八大功能。

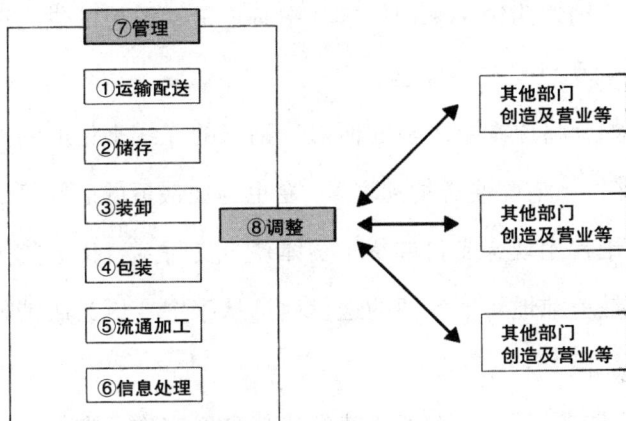

图3-1 战略物流的八大功能

（5）实现全渠道所需要的物流

全渠道是指"准备多种购物入口（购买方法）、收货方法、支付方法、商品取货方法以及递送方法并结合顾客的要求，为消费者高效提供商品的模式"。从顾客的角度看，全渠道就是能够自由选择"入口"和"出口"的模式。消费者可以随意选择是去店铺购买，（在家里）通过电脑下单，还是通过智能手机或平板电脑直接下单这样的"入口"，同时也可以选择是去店铺取货，还是要求送货到家这样的"出口"。

在消费者看来，这是非常简单的模式。但是对于商品的供应方（销售店铺）来说，这其中有连最初设想的供应链管理（SCM）都无法解决的课题。

例如，将原本要求宅配便送货到家的在线支付的网上订单（在线支付＋宅配便送货到家），变更为在最近的店铺确认商品后在收银台用现金支付取货（实体现金支付＋直接拿货）的时候，不是单纯地将宅配便的送货地址从家中变更为店铺就能解决的。

对于前者而言，发了货就意味着已经完成了支付，原则上只要再收取宅配便的费用就可以了。但与此不同的是，后者的支付还没有完成，而且因为需要店铺的接待，所以在此之前还需要联系店铺的负责人，通知其有店铺取货的商品，这些都是要花费时间的。另外，在自家店铺取货的时候，通常是免配送费的，所以即使要花费很多时间，也不能追加成本。

也就是说，无论顾客如何希望，从店铺的角度看，单靠变更送货地点是无法实现店铺取货的。

（6）店铺库存和物流中心库存的有效利用

实现店铺取货有两种方法。一种是灵活运用店铺库存，另一种是灵活运用物流中心库存。

首先，我们来谈谈应该如何运用店铺库存。提到如何利用店铺库存，很多人认为就是将店铺的商品挑选出来，包装一下。但实际上并不是这样的。假如商品是在网店售出的，那么在营业额的管理上，就会出现销售额是计入店铺，还是计入网店这样的问题。如果网店的销售价格和店铺的不同，那么事情就会变得更加复杂。

此外，在库存管理上，区分网店用的库存和店铺库存时，应该利用什么样的管理方法也是个难题。即使利用同一库存，也会存在"在库引当（可销售库存）"的问题。店内的库存商品在网上被售出，如果不能立刻拣配，还那样放在店铺中的话，就很可能会被某位顾客作为店铺商品买走。即使在顾客结账的时候发现这个问题，也绝对不能对客人说出"已经有顾客在网上选购了这件商品，所以不能卖给您了"这样的话。实际上，在2014年的黑色星期五（星期四的感恩节结束，圣诞促销开始的星期五）就曾出现过这样的状况：由于店铺的特卖品在网上也可以购买，因此订单数量超过了限定额，造成店铺一片混乱。

接下来，我们再来谈谈实现店铺取货的另一种方法，即灵活运用物流中心的库存。灵活运用物流中心的库存指的是将物流中心的库存装载到为店铺送货的货车上，运往店铺，然后在店内交给顾客。

在物流中心的店铺送货中，到达的时间是固定的，送货次数从1日数次到1周2次，会根据各连锁店的情况而有所不同。如果送货的频率较低，那么与宅配便相比，其在机动性和速度方面就会处于相对劣势。我曾经在"物流形态"的差异中提到，就像网络专用物流中心和店铺专用物流中心一样，根据实际情况，区分使用物流中心是比较有效率的。这里也一样，有的时候不会使用为店铺送货的货车，而是利用宅配便送货到店。

无论选择哪种方法，都不能将送到店铺的只有简单捆包的商品交给顾客。在将商品交给顾客前，要花费一些时间和精力对商品进行包装。我以前在美国的沃尔玛小型便利店（Walmart Express）取货的时候，店员就曾咨询过我是否需要重新包装。如照片所示，为了不将商品误当成店铺货品放上货架，商家会在包裹上贴上非常醒目的印有"店铺取货（site to store）"注意字样的鲜艳胶带。

图3-2　贴有店铺取货（site to store）红色胶带的 Walmart Express 捆包箱

（7）全渠道中的支付和积分

无论是网上支付还是店铺支付，都有各种各样的支付方法。比如，现在有信用卡支付、House Card 支付（nanako、Waon、星巴克卡等店铺专用卡）、交通卡支付（Suica、Icoca、Sugoca 等）、预付卡支付（译者注：类似于商场销售的购物卡）、积分支付、便利店支付、货到现金支付、货到银行卡支付等多种支付方法。

前些日子，我去美国的时候，利用 Apple Watch 在星巴克买了杯摩卡咖啡。在美国，各种新的支付方式也是层出不穷，既有 Apple Pay 和 Sumsung Pay 这样的智能手机支付，也有 Google Wallet 和 Amazon Payments 这样的网络支付，还有比特币这样

的虚拟货币支付，以及谷歌（Google）在 2015 年 5 月发布的
Hands Free 支付和刷脸支付等。

如何实际应用这些，是全渠道设计上的难题。我在美国逗
留期间，乘飞机和在星巴克买东西的时候用 Apple Watch，展览
会入场和叫出租车的时候用 iPhone。我在日本也同样，乘飞机
用 Apple Watch，友都八喜、无印良品、东急手创的积分卡用
iPhone，在能够积分的日本最大的美发平台 Hotpepper Beauty 预
约理发店的时候也用 iPhone。我就是这样灵活运用各种支付方
式的。我甚至觉得，带着卡片到处走真麻烦，要是连集印章的
卡片都能安装到 iPhone 上就好了。

当然，我想也没有很多人会用到如此地步，而且根据年龄
层的不同，每个人喜欢的方法也会有所不同。因为全渠道是一
种无缝式的，完全不让客户感觉受束缚的，能够便利地下单、
取货的商业模式，所以如何设计支付方式应该是一件很头痛的
事情。而且，根据企业特征和目标客户的不同，支付方式也会
相应地发生一些变化。

从顾客的角度看，网上购买的商品似乎只有在家里收货还
是到店里取货的不同。但是对于店铺和企业来说，要面对的是
配送路线如何选择，采取什么样的库存管理、营业额管理、支
付方式、包装要以怎样的过程进行等一系列的问题。

（8）专营网店时必要的 SCM

我认为专门经营网店的零售商在开展全渠道的时候，应该从作为商业基础的销售、物流中心、配送三个平台进行考虑。通过整理这三个平台各自的作用、成本、效率性和性质，从经营战略的角度认真分析，诸如自家公司需要从事哪些业务，哪部分业务需要委托给其他公司完成，或是与其他公司合作等一系列的问题是非常重要的。

首先，是销售平台。作为销售平台，既可以在亚马逊（亚马逊的"跳蚤市场"，即 Amazon Marketplace）、雅虎、乐天等第三方 EC 大型购物中心平台开店，也可以在自家网站销售；既可以开设单一网店，也可以以本店和分店的形式开设多家网店；既可以自家公司独立运营，也可以委托外部运营。

其次，是物流中心平台。选择物流中心平台中也有从出入货管理到分类、配货都由自家公司完成、全部委托给外部、一部分委托给外部等多种方法。

最后，是配送平台。在配送平台中，有宅配公司、邮便公司、自家公司配送、地域配送公司（译者注：只负责一定区域内配送的公司）等。当然，也可以针对配送地点的不同（个人住宅、合作店铺的店面、配送公司的中转站等），区分使用各种配送方法。

那么，作为应对全渠道的 SCM，应该如何组合构建这三个平台呢？

根据企业规模（网络订单的数量）的不同，三个平台的组合方式和内容会有所变化。在网站运行初期，如果处理量较少的话，那么只需要销售平台就足够了。因为如果涉及的平台过多，就会产生多余的运营成本。如果销售额稍微增加一些，就需要区分使用自家网站和第三方 EC 购物中心平台了。而且，即使是在第三方 EC 购物中心平台开店，也要注意每个平台的特征。比如，如果女性客户较多的话，就应该选择乐天，而如果

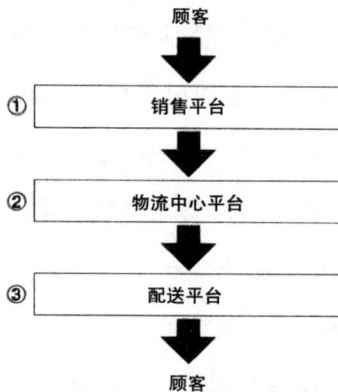

顾客

①　销售平台

②　物流中心平台

③　配送平台

顾客

图3-3　运用三大平台应对全渠道

男性客户是主体的话，就应该选择雅虎。

物流中心平台也一样，如果处理量增加，营业额持续上涨，那么一般公司都会将原来的自家公司配送调整为外部委托。如果将物流委托给 3PL 负责，也要注意是选择专门开展邮购业务的物流公司，还是选择专门为 EC 购物中心平台提供配送服务的物流中心（比如，亚马逊的 FBA、乐天的物流代行等）。通常，如果营业额在数百亿日元以上的话，就分别使用各 EC 购物中心型 3PL，而如果在百亿日元以下，就集中使用某个专门开展邮购业务型的 3PL。因为在每个 EC 购物中心平台中自家哪件商品比较有人气并不想让其他的 EC 购物中心平台知道，所以只要营

表 3-2　物流平台的 3 种类型

	EC 购物中心型 3PL	专业邮购型 3PL	大型 3PL
例	Amazon.com 乐天 Yahoo&ASKUL	e-LogiT Scrolling360	日立物流 HAMAKYOEX
说明	运营 EC 购物中心平台的企业提供的物流服务	专门开展邮购物流的物流企业	也接受邮购物流委托的物流企业
特征	配送各 EC 购物中心平台委托的出货数量	配送 EC 购物中心平台＋自公司网站中的出货数量	个别情况中，通过竞标接受委托
物流运营方法	每个 EC 购物中心平台都汇总多家厂商的商品，以不同的 EC 平台为单位，统一配货、出货（不能个别对应某个厂商）	以不同的厂商为单位，汇总各 EC 购物中心平台的商品，进行配货、出货（可以个别对应某个厂商）	根据具体情况，相应会有变化
信息处理系统	共通处理系统	共通处理系统	个别处理系统

业额没有达到相当的量，是不能将库存分别委托给多个 EC 购物中心型的 3PL 的，否则会造成过剩库存。另外，为什么要选择将业务委托给专门开展邮购业务型的 3PL 呢？因为诸如商品拍照和处理订单等这些希望邮购公司代办的业务，专业邮购型 3PL 能够给予实现。而且，在专业邮购型 3PL 中，有的公司已经做到了 365 天无休及当日配送。如果能够提供周日早晨下单的商品在周日晚上取货服务的话，那么不仅能够提高顾客的满意度，还可以预防客源被竞争对手抢走。

在配送方面，要根据顾客的需求和商品特征，区分使用宅配便、邮送、地域配送、搬家公司配送以及自家公司配送等各种配送形式。现在，大型宅配企业都在积极地构建在诸如自家住宅、店铺、外出所在地、公司、指定地点（便利店、宅配箱等）等一切客户认为便利的地方都可以配送货品的体制和合作关系。我想，未来可供选择的配送方法会越来越多。

（9）拥有实体店的 SCM

对于拥有实体店的企业来说，作为销售平台，可以选择网络 EC 平台，也可以选择自家公司网站。

在物流中心平台的选择上，一般会与向店铺提供商品的物流分离开，使用网络邮购（PC、智能手机、平板电脑等）的专用物流中心。因为针对店铺的配货和针对网络邮购的配货，其商品的种类和数量不同，货品的形式（比如包装形式）也不同，所以在同一个平台兼顾两者的想法是不现实的。此外，对于网络邮购的订单，将网络邮购整体作为一个独立的店铺考虑，统一委托给外部的一个地方，在那里集中进行分类、配货是比较有效率的。

沃尔玛也在 158 处物流中心以外的地方，开设了邮购专用物流中心。我在美国观察了以亚马逊为代表的很多邮购物流中心。由于面向邮购开展的物流作业比较特殊，所以还没有物流中心同时开展邮购以外的物流。就连拥有先进物流中心的澳德巴克斯（Autobacs），也将邮购商品的物流委托给了第三方，并通过这种做法提高了对顾客的服务质量。

将这种想法进一步发展的，是专为网购顾客配货所开设的"幕后店（Dark Store）"。因为是专为在线购物顾客配货的店面，所以店铺可以开设在地价便宜的地方，也无须在意来店客人，所以方便工作人员自由穿梭配货。日本第一家幕后店是伊藤洋华堂 2015 年 3 月开设的"网上超市·西日暮里店"。它实现了店铺型网上超市的约 5 倍的出货量（每日最多 2000 件），同时也将通常

既存店铺网上超市的业务流程

接受订单·打印商品清单　　配货　　检查并放在专用的订单商品货架上　　捆包商品

（在即存店铺接受订单）

网上超市·西日暮里店的业务流程

接受订单、各系统相互关联　　直接配货、捆包　　　　机器输送

（在西日暮里店接受订单）

（出处）Seven＆i控股集团资料

**图3-4　网上超市·西日暮里店与既存店铺的网上超市之间的
业务流程差异**

平均每日配送 10 次的送货时间段提高到了业界最大的 23 次（表
3-3）。

　　关于配送平台，除了宅配公司以外，既可以利用一直以来
既存店铺的配送渠道，也可以根据尺寸及配送希望时间的不同，
区分使用宅配便、邮便和轻车辆（译者注：没有发动机的车辆，
比如自行车）配送等。

　　如果开展店铺取货服务的话，那么在配送平台的选择上，
既可以通过物流中心配货送到店铺，也可以利用本店铺的库存，
或者利用附近店铺的库存。当然，根据商品的不同，也有必要

表3-3 日配送次数实现业界最高的23次配送体制

次	订单截止时间	配送时间	次	订单截止时间	配送时间
1	前日　20:00	10:00-12:00	14	12:00	17:00-19:00
2		11:00-13:00	15		17:30-19:30
3		11:30-13:30	16		18:00-20:00
4	0:30	12:00-14:00	17		18:30-20:30
5		12:30-14:30			19:00-21:00
6		13:00-15:00	19		19:30-21:30
7	8:00	13:30-15:30	20	14:00	20:00-22:00
8		14:00-16:00	21		20:30-22:30
9		14:30-16:30	22	16:00	21:00-23:00
10	10:00	15:00-17:00	23		21:30-23:30
11		15:30-17:30			
12		16:00-18:00			
13		16:30-18:30			

*既存店铺平均每日配送10次的体制

（出处）Seven & i 控股集团资料

考虑一下厂家直送服务。此外，还有一种像沃尔玛那样，将商品库存丰富的大型店铺也作为周边中小型店铺的商品供应基地发挥作用的新想法——"Tethering"。

店铺取货不仅为消费者提供了便利。有数据显示，在店铺取货的顾客中，有6成左右会"顺便再购买"，这对于店铺来说是非常有益的。但是另一方面，由于这种服务给日常的店铺经营增加了负担，所以如何很好地将其渗透到日常工作中，也是一个需要面对的问题。虽然这项服务是以"为顾客提供便利"为初衷开始的，但是如果实际工作时应对不充分，在搜寻货品和结账过程中花费很多时间，让顾客久等的话，反而会招致不满。

这种服务在美国被称为"Store Pickup"，在英国被称为"Click and Collect"。除了这种店内取货，很多企业还提供了免下车（drive-through）取货和专用取货点（pickup point）取货服务。据沃尔玛说，"网上订单有6成会选择到店取货"。

在这种"Store Pickup"服务中，有一点也备受关注，那就是网络邮购企业正逐步开设实体据点。例如，亚马逊就设置了专门的商品接收、取货据点"Amazon Locker"。此外，专门提供商品接收和取货据点服务的企业（PUDO 的全资子公司 PUDO Point）也相继出现了。作为 EC 行业新的周边服务，它未来的发展让人充满期待。

3 全渠道需要解决的课题

（1）经营不善的网上超市案例

近年来，在部门名称前添加全渠道字样，积极致力于全渠道化的日本企业越来越多。但是现阶段还只是停留在增加收货地点的水平上，完全没有达到能够让所有消费者都满意地说出"这个真方便"的程度。

2014 年 10 月，没有顺应全渠道时代发展需求的"SUMMIT—网上超市"宣布停止营业，不再提供网上超市服务。这项服务开始于 2009 年 10 月，虽然服务的名称前冠有大型超市"SUMMIT"的字样，但是运营该项业务的并不是 SUMMIT 本体，而是同为住友商事 100% 出资的住友网上超市。

日本国内的网上超市业务，以 2000 年西友的运营为开端，随着翌年伊藤洋华堂及 2008 年永旺的加入，率先在大型 GMS 集团展开，其后逐渐向诸如"LIFE"公司等食品超市扩展。

网上超市的物流运营方法大体可以分为两种。一种是在消费者附近的店铺配货，然后从店铺配送的"店铺型"；另一种是利用专用物流中心发货的"中心型"。

以前的例子中主要利用的都是"店铺型",而"SUMMIT—网上超市"采用了首都圈内首次的"中心型"。利用"店铺型"的时候,因为可以灵活运用店铺库存,在店铺内配货,所以无须重新借用仓库、购买冷冻柜等必备品,初期投资较少,固定费用也不多。而且,商品配货和捆包的人员人数及向个人住宅配便时所使用的车辆,也能够根据订单量进行调整,属于非固定费用的可变动费用。因此,即使是少量的订单,也能够控制收支平衡。另一方面,"中心型"的优点是完全不用考虑来店顾客,工作人员能够在店内自由穿梭配货。因为在商品的配置上,能够实现将出货频率高的货品一起运送,所以可以提高配送效率。但是,因为需要构建专用的物流中心,所以投资金额是巨大的。这样一来由于固定费用增多,为了达到收支平衡,就需要有非常大的订单量。

现在,网上超市中营业额规模最大的是伊藤洋华堂。据说网上超市的总营业额一年大概是 1000 亿日元。其中,伊藤洋华堂在 2014 年 3 月至 2015 年 2 月的营业额就达到了 500 亿日元。"SUMMIT—网上超市"在最初开展业务的时候,设定了在 5 年后的 2014 年实现盈利的目标,但最终别说是完成目标了,就连基本的日常业务都没能再维持下去。伊藤洋华堂正相反,2015

图 3-5　通过免费配送吸引顾客的卡酷雅思

年 3 月伊藤洋华堂新设了前面提到的专为网购顾客配货的"网上超市·西日暮里店",商品种类约 1 万种,构建了能够应对店铺 5 倍订单的新据点。

对于"SUMMIT—网上超市"失败的原因,很多人认为是"经常使用该平台的用户太少"或是"免配送费增加了成本负担"。但我认为,其中最大的问题在于订单量。因为物流中心的投资增多,如果工作量不高是无法达到平衡的。而且如果订单量比较少的话,配送频率就会降低,单件商品的配送成本就会提高。

我们看一下美国互联网泡沫时代最受瞩目的 Webvan 的例子

就会明白了。Webvan 在一个物流中心上的投资高达 250 亿日元，而它的竞争对手 Peapod 只投资了 20 亿日元。Peapod 现在留了下来，并在持续发展，而 Webvan 却已经破产了。

网上超市成功的关键在于"如何在小商圈内短时间获得更多的会员"。因此，首先应该尽可能地让顾客体验服务。比如，以"免费配送"作为核心促销点拓展客户，并向客户提供酒类和食品宅配服务的"卡酷雅思（Kakuyasu）"（购买一瓶啤酒就可以享受免费送货，并可以指定 1 个小时范围内的当日配送），以及 7-ELEVEn 的食物配送服务"Seven-Meal"（500 日元以上的订单可享受免费配送，并由 7-ELEVEn 连锁店送货）。由于这些都是高密度配送，所以很容易达到收支平衡。我们回头再看看"SUMMIT—网上超市"。它的订单最低限额是 3000 日元，达到 5000 日元以上才会免费配送，所以很难吸引顾客使用，也就无法达到能够有效配送的订单量了。

我以前说过，最好先利用"店铺型"集聚顾客，然后再转至"中心型"。听到"SUMMIT—网上超市"停止营业的消息时，我再一次觉得自己的想法是正确的。

（2）生鲜食品等的配送

今后，如果网上超市提供生鲜食品的范围越来越大的话，那么住宅以外的取货服务可能会受到关注。

由于现有的宅配服务企业很难开展生鲜食品类的配送服务，所以很多企业都自行开展物流业务。另一方面，如果是配送到每个家庭，那么无论怎样都是要花费一定时间的。但是，像"下午的订单晚饭前就想取货"这种，很多消费者希望还可以像自己熟悉的实体店购物流程那样立刻拿到商品。这时候，如果利用附近的便利店就可以像以前一样取货的话，那么可能有很多顾客会选择在便利店取货吧。

另外，有一些顾客由于年纪太大腿脚不便，是无法去稍微远一点的超市购物的。如果你建议他们利用网络购买商品，但是下单的条件之一是"如果不在前一天的某某时间前下单，就无法在需要使用的当日收到商品"的话，他们是无法马上适应的。也就是说，即使是这种听起来很容易的条件，对于老年层来说，也会感到"利用起来非常困难"。

考虑全渠道的时候必须注意一点，那就是消费者中心主义。诸如"因为体系就是这样"（因为这是整体会给顾客带来便利的体系，所以希望您能忍耐一下其中的些许不便），"因为是当日送达，所以不能指定时间"（配送速度都已经很快了，所以您就别要求那么多了）这样的事情也要尽可能用委婉的方式进行表达、应对。为了实现这样的效果，今后在这方面一定要多多用心和留意。

在美国，既有店内柜台取货服务，也有免下车取货服务，有的商家还专门为顾客开设了身边取货网点。为了满足顾客的需求，哪怕是做一点小小的改变，也不要放过任何一个能够为消费者提供便利服务的机会。

4 部门合作的必要性

（1）追求终极的顾客中心主义

我认为，全渠道的目标就是终极的顾客中心主义。

无论何时，无论何地，都能够在自己需要的时候购物。可以利用 PC、智能手机和平板电脑，也可以亲自去店铺，或用电话下单。可以要求送货到家，也可以到日常生活中经常去的方便的地方取货。不方便的时候，可以更改收货地址，看到实物感到不满意时，还可以取消订单。

也就是说，相同的商品有多种购物入口，顾客可以自由选择商品的取货方式，且无论选择哪种方式，都可以不早不晚地、在希望的时间点收到商品。

在全渠道中，与销售方的情况无关，顾客可以不受约束地使用供应链。可能这种要求有点严苛，但是全渠道的目标就是为消费者提供一个想怎样就能怎样的购物环境。

（2）EC 和实体店间的结构壁垒

在实现全渠道的道路上有一个障碍，那就是结构壁垒。

以前，采购、处理订单、配送、库存管理、顾客管理等都分属各个部门，每个部门都拥有独立的操作系统。后来，随着SCM 这种想法不断渗透到实际的工作中，采购、处理订单、配送、库存管理、顾客管理等开始被视为一个系统。商家试图从整体的角度开展业务，提高工作效率。

其后，随着网络的普及，EC 作为新的销售渠道参与进来。受到部分宣扬"未来将是 EC 时代"的媒体以及 IT 产业的影响，很多企业都开始急急忙忙开展 EC 业务。然而不久，很多同时拥有实体店的企业都受到了诸如"EC 夺走了店铺的营业额（引起共食现象）"等这类抱怨。虽说都是面向消费者提供的销售渠道，但是店铺销售和网络销售分属不同的部门运营，所以双方经常会以对立的形式存在。时至今日在一些企业中，仍然能够看到这种现象。

现在，随着智能手机的出现，购物行为也发生了巨大的变化。近几年来，很多企业内部已经开始转变思路，认为在考虑公司内部各部门间的竞争之前，应首先从大局出发，思考如何通过推动跨部门合作来抢夺竞争对手的市场发展自身业务。

（3）消除部门壁垒的趋势

其他公司的 EC 是"看不见的敌人"。如果是实体店的话，只要观察一下顾客层（顾客的性别、年龄、职业、收入等）的流动，就基本能够弄清楚客源是在什么地方被夺去的。但是，如果市场是被其他公司的 EC 夺去的话，那么达不到一定程度的量是没有实感的。而且，当意识到这个问题的时候，多半也为时已晚。出于这份担心，美国的大型零售连锁店纷纷开展 EC 业务，将"店铺 +EC"的组合形式作为对抗其他公司 EC 的战略。其中，最典型的例子就是被誉为世界最大零售商的沃尔玛和电商巨头的亚马逊。我认为，现在完全可以依照原样，将这种"店铺 +EC"的商业模式替换到全渠道中。

全渠道的先驱企业、美国百货连锁店梅西百货在 2015 年 1 月实行部门变更，将实体店和 EC 中各自设立的采购部门及市场部门统合起来。这种变动也意味着梅西百货开始正式踏上实现全渠道之路。

日本的零售行业中也出现了同样的趋势。

专门面向流通行业的杂志 *Chain Store Age*（Diamond Freedman 发行，现更名为 *Diamond Chain Store*）每年都会针对零售业营

业额排名前 200 的企业 IT 负责人，开展"IT 活用动向调查"。2015 年发表的调查结果显示，EC 部门正逐步从原来的独立部门移至其他既存部门。

在询问"哪个部门负责网络邮购和网上超市"时，回答"商品企划部门"的占 38.1%，远远超过了"（网络邮购的）独立部门"和"销售部门"（两者皆为 23.8%）。在 2014 年的调查结果中，回答"（网络邮购的）独立部门"的占 23.4%，回答"商品企划部门"的占 13.5%。从数据的变化可以看出，未来商品企划部门扮演 EC 推动角色（未来的全渠道构筑）的倾向会越来越强。

（4）容易成为部门合作障碍的事情

是否成立了负责部门，或者变更了部门名称，就能顺利地开展全渠道呢？当然不能。实现全渠道有一点极其重要，那就是要构建横贯原本各自运营的专门领域的统括部门。当然，这会伴随成本的上涨和运营的风险。

比如，EC 商品的店铺取货和 EC 订单的店铺订货，都可能带来物流和送货管理的繁杂，同时也无法避免店铺运营人工费的上涨和错误的发生。如果公司的业务面向店铺、自家公司网站、EC 大型购物中心等多个平台的话，那么在库存分配和库存的相互移动上，也可能会造成销售机会的损失和物流成本的上涨，因此需要有一个部门明确规定其前后位次。

而且，由于该部门需要实现目前为止没有过的功能，因此其管理层需要有很强的领导能力，明确指示部门的发展方向。

在全渠道的实际操作中，还有一个问题，那就是基于全渠道而完成的营业额应该属于哪部分。

从全公司的角度来看，开展全渠道只要能够提高公司的竞争力，提升营业额，就足够了。的确，有这种想法是自然的。但是，对于每个店铺或者各个渠道的负责人来说，这样是行不通的。因为营业额属于哪个部分，属于谁的劳动成果，不但会改变其在公司内部的价值评价，而且也会直接影响到薪水和奖金。特别是同时开设多家店铺的连锁店，每一天各家店铺都要在销售额上争胜负，所以各位店长们是不会同意这种提议的。

应该如何考核评价每条渠道或是每个部门，现阶段还没有一个明确的体系。北村相机采用的是名为"EC 关联营业额"的KPI（关键绩效指标），大家可以将此作为一个参考。当然，由于每个企业的文化不同，所以最终采用什么样的方法，还需要各公司高层结合企业的实际状况，制定出"就这么做"的评价体系。

（5）成功企业的部门合作实例

下面我们来看一下在全渠道的开展中获得成功的企业。

首先是友都八喜。友都八喜利用自家物流，已经实现了不亚于亚马逊的免费配送、下单后 30 分钟以内的店铺取货和 24 小时的店铺取货等服务。据说在友都八喜，无论通过什么渠道（友都八喜网店、实体店），以何种方式（网上订单取货、店面销售、住宅配便等）卖出商品，员工们都不会介意最后将营业额归为哪家店铺。这得益于企业对员工"只要能提升全公司营业额就足够了"的共有化意识的渗透。

我认为，在第一线指挥、提倡"不要在意渠道，关键是提升营业额"的副社长是友都八喜企业的家族成员，这一点也是成功的原因之一。

友都八喜将"网上下单、住宅取货"和"网上下单（包含店铺的平板电脑订单）、店铺取货"等与 EC 相关的"EC 关联营业额"作为 EC 的 KPI 考核方式。

其次是北村相机。由于北村相机构建 EC 平台主要是希望顾客在网上看到商品后能光顾店铺，所以来自店铺平板电脑的订单和（网上）被选为负责打印照片的店铺所产生的营业额，会

图 3-6　友都八喜公司上下团结一心，各部门间协同合作，提供最高质量
　　　　的"网上下单→店铺取货"及"网上下单→住宅取货"服务

被记入在该店铺的总营业额中。北村相机销售的商品比较专业，
而且价格相对较高，一般人都是听了销售人员的说明后才会决
定是否购买。或许正因如此，北村相机才能采用这样的方法。
此外，EC 事业部可以一元管理全公司的商品信息、订单接收、
物流系统、顾客管理等也是北村相机的一大特点。据说，平时
EC 事业部也经常与负责采购商品的负责人一起开展业务。

最后是东急手创。东急手创（东急手创网店）将 EC 定位为店铺的"后方支援部队"。在东急手创网店，只要检索商品，就可以显示各个店铺的库存情况、商品性能以及商品照片。顾客既可以直接在网上购买，也可以去有库存的店铺购买。此外，只要用东急手创的智能手机专用 App 扫描一下店内商品的条形码，就可以将商品信息储存到 App 中。通常，网店销售的商品会被记入网络营业额中。但是，如果顾客是在店铺内扫描条形码后，再通过网站购买该商品的话，那么这部分营业额会被记入顾客当时扫描条形码的店铺中。因为顾客之所以在店铺中扫描了条形码可能是由于对某件商品的摆放或是 POP 产生了兴趣，或是店铺工作人员的服务使顾客喜欢上了某件商品。这种记入方法可以表达对店铺人员工作的肯定。

关于这些成功案例的具体情况会在第五章中详述。除了这里介绍的内容以外，还有很多全渠道的考核方法。EC 与店铺的关系定位不同，会产生各种各样的评价结构，但是非常重要的一点是，无论选择何种评价体系都要清晰明确地制定规则并预先公开。

5 应对全渠道的客户接待服务

（1）与顾客的接触点增多能否成为机会

所谓全渠道，就是顾客可以在任何时间、任何地点与店铺建立接触点。店铺、PC 的 EC 购物中心平台、专用智能手机 App，店内取货柜台以及便利店取货、宅配便取货，电话咨询、邮件咨询，等等，如果这些都能够在全渠道这个大平台上有机结合的话，那么就可以在所有的接触点上与店铺形成连接。

通常我们认为，接触点增多，顾客对于店铺的忠实度就会提升，顾客购买商品的机会也会变多。但是，如果不能明确全渠道的目标以及未来的发展路线的话，"机会"就会变成"危机"，带来相应的经营风险。

比如，我们来看看"在 EC 上购买的商品选择在店铺取货"这种情况。

顾客首先会问的问题是到达店铺以后，到什么地方能够取到包裹以及取货柜台的位置难不难找。从顾客的心理方面来看，顾客是因为店铺取货比宅配便更方便，而且自己也有时间，所以才选择了店铺取货。但是，如果取货柜台很难被找到，或是好不容易找到了取货柜台，工作人员却不熟悉业务的话，反而会引起顾客的不满。

假设 EC 销售额占全部营业额的百分之几（10% 以下），那么其中选择在 A 店铺取货的顾客大概最多也就是每日几人而已。比如东急手创新宿店，据说每日最多也就是 10 人左右。也就是说，店铺取货业务还完全没有达到需要配置专门工作人员的规模，一般都是店铺的工作人员临时应对一下。不仅是东急手创，几乎所有的店铺都是这种状况：店铺的工作人员需要在繁忙的店铺接待工作中抽出时间招待这些顾客。说得极端一点，工作人员与这些顾客的接触可能只是瞬间的商品递送，但在这短暂的时间内，能否为顾客留下好印象，能否将顾客作为自己的客户，能否再向前走一步，为顾客推荐其他的商品，说实话，我觉得这才是真正困难的问题。

全渠道在接待顾客方面也与以前不同。

以前，如果店铺里没有顾客需要的商品，店员可能会告诉顾客"您需要的商品卖光了"，然后就这样送走顾客。但是，实行全渠道以后，工作人员需要向顾客提供一些服务，诸如查询物流中心及附近店铺中是否有库存，是否能拿到商品，如果可以的话，需要花费多长时间，等等。

另外，通过 EC 或（同一连锁店的）其他店铺购买的商品，在退货的时候，顾客可以选择自己方便的店铺，无须退回原处。

也就是说，全渠道使客户的接待服务复杂化，这就要求店员付出更多的时间和精力。

"美国的零售业已经意识到了这个问题；仅满足随时随地都能购物的需求是无法顺利开展全渠道的；商品的品牌力和接待客户的能力也同等重要"，诸如这样的言论不绝于耳。据说全渠道的先驱企业梅西百货为了今后持续顺利地开展全渠道，同时采取各种对策，重视对店铺员工的教育，从平日里就强调员工在开展客户接待服务时要贯彻全渠道理念。也就是说，实现全渠道，必须要采用与以往完全不同的接待客户的方式。

此外，顾客也经常会在店铺内咨询安装在智能手机等中的 App 的操作方法。这个时候，店员一定要用顾客最能明白的方式耐心地讲解。当然，这类的客户接待训练也是非常重要的。

（2）店员必备的手机 App 操作能力

前几日，我去某家家电量贩店购买打印机。在收银台结账的时候，店员向我推荐了智能手机 App，说利用这个平台会更方便。于是，我下载了手机 App，在简单进行注册后开始搜索该商品，竟然发现比店内的价格便宜！最终，我以 App 中比较合算的价格买到了自己想要的打印机，怀着无比满意的心情回家了。因为尝到了甜头，我想下次我还会利用这款 App 去购买其他商品。在全渠道中，价格的一元化是很重要的，但是在最初阶段多少都会存在偏差，所以如果能够以这种做法更正过来的话也是比较有效的。

所谓的全渠道时代，大概就是通过这种多次的购物体验，不管是来店铺，还是在网店或其他店铺，利用 App 查出最便宜的价格，再选择最方便的支付方法、收货方法购买商品。就像我自身体验的那样，打通全渠道，要重视对智能手机 App 的使用。

鉴于这种趋势，现在在美国，培训店内工作人员了解 IT 知识已经成了备受关注的话题。而日本的零售行业也意识到了 IT 教育的重要性。我认为，不具备良好的 IT 应对能力是店内工作人员的实际状态。好不容易开发出能够吸引顾客的 App，店内的工作人员却不能充分介绍它的优点，推荐客户使用，而这方面的培训一直以来也很不完善。因此，在未来的一段时间里，日本的零售行业将会加强对店铺员工 IT 应对方面的教育，我们会在很多地方看到店员向顾客推荐使用店铺 App 的场景。

现在，EC 的主流是能够随时随地携带的智能手机和平板电脑。如果可能的话，企业应该开发专用 App（开发智能手机专用 App 不需要花费平板电脑那样的成本和时间）并在店内帮助顾客完成 App 在智能手机或平板电脑上的相关设置以便顾客能够立即使用。开发这种技术的难度、可操作性姑且不论，但对于手机 App 设置这种程度的 IT 知识，一定要对店铺所有工作人员进行彻底的培训。

北村相机的具体情况将在第五章中详述，这里只提一点，就是现在北村相机在接待顾客的时候，已经开始利用平板电脑。通过平板电脑，可以访问超过 4 万种商品。本来北村相机就拥有很多具备专业知识的工作人员，现在，如果能将平板电脑上的信息与个人的专业知识结合起来接待顾客的话，一定能够提

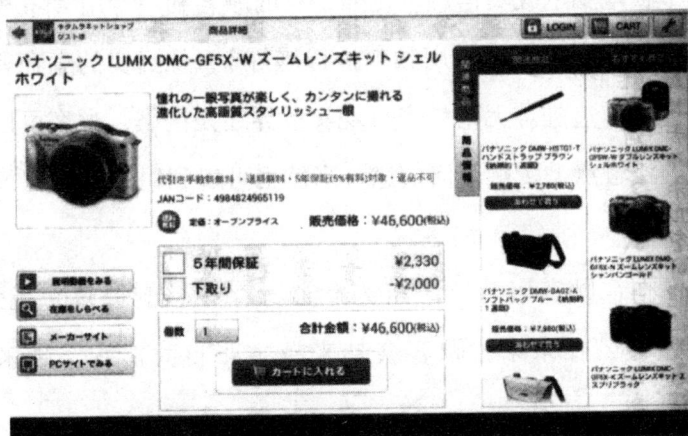

图 3-7　北村相机店员使用的平板电脑中能够查到丰富的商品信息

升客户的满意度。

（3）需要什么样的顾客接待能力

顾客越利用全渠道，商家与顾客的接触点就越多，就越需要与以往不同的顾客接待形式。

未来，通过在全渠道中获取的信息，站在顾客的立场思考顾客的需求，探索开发与顾客适称的商品，提供各种各样的使用建议等也是非常重要的。有时，也有必要掌握一些与智能手机和平板电脑上不同的、更专业的信息。

顾客不仅喜欢在全渠道上自由穿梭，还非常喜欢在智能手机和平板电脑上收集信息。比如，有的顾客利用专用 App 查询自己的排名（积分和使用频率排行榜等），像真实的竞赛者一样努力向前追赶。无论是来自现实世界还是网络，顾客可以在所有的接触点上接触任何信息，当然也可以利用 SNS 自己发布信息。

现在，顾客以智能手机为武器，存在感变得越来越强。也就是说，在未来，顾客会越来越主张自我需求，越来越"任性"。

那么对于顾客的这些需求，全渠道能够实现多少呢？

使全渠道成为可能的信息系统、能够满足顾客要求的物流体系只是全渠道实现的必要条件，在此基础上还需要比以往更高的顾客接待能力。这里所说的顾客接待能力并不在以往顾客接待能力的"延长线上"，我们需要的是全新的顾客接待形式。

　　当然，最基本的还是"好印象的接待"。虽然店员在 App 的说明上花费了一些时间，但是如果能给顾客留下好印象的话，顾客还是会再光顾的。微笑接待每一位顾客，在全渠道时代是最重要的。

6 实践全渠道的必要过程

（1）企业未来发展的关键

前面，我们从各种各样的角度探讨了什么是全渠道。我试着将它们重新整理，大致可以归纳为以下几点：

● 实现全渠道的钥匙是物流。全渠道是在接受订单方法、商品递交方法等方面都能够"自由自在"的终极供应链管理（SCM）。

● 是吸引顾客的新想法。实现全渠道要构建更具高度性的顾客管理（CRM）模式。

● 信奉彻底的顾客中心主义。全渠道能够从容应对消费者的"任性妄为"，能够在所有渠道中为消费者提供无接缝式购物环境。

● 是增加与顾客接触点的方法。用不同于以往的顾客接待方式使顾客露出笑容才是终极全渠道的奥义。

● 必须要有全公司共同参与的结构。组织构建、评价体系等都要以全渠道为前提。

有很多人认为全渠道就是"网络与实体的融合"，或者是"在网上购买（或在网上下单）的商品在实体店取货"这种限定于某部分的模式。但实际上，全渠道并不是企业内部某一个组织，某一个部门的事，它需要全公司的共同参与。

因此，"是否要构筑全渠道""是否有意向开展全渠道"将会决定一个企业的未来。全渠道有许多实际效果，例如增加营业额、提升分析消费者特征的能力、强化消费者忠诚度、实现竞争差别化等，而这些正是企业未来发展的关键。

（2）需要全公司共同理解和支持的"费时费力"

如前所述，库存的一元管理和价格的统一是实现全渠道的必要条件。但是，只达成这两点是不够的，因为全渠道不只是系统的问题，每个公司采取的对策不同，构筑出来的东西也是不同的。

下面是我所主张的、构筑实践性全渠道的必要过程。

首先，要研究其他公司的实例。构建全渠道没有标准答案。一方面，全渠道是全公司共同思考的课题，会有各种各样的想法。另一方面，全渠道会因行业和业态的不同而不同。由于在构筑的整个过程中都需要花费成本和时间，所以我认为，首先应该大量研究其他公司的先进实例，然后再思考本公司需要发展到哪一步，并从现在的实际状况出发，推测大概能发展到哪一步。

其次，要思考怎样构筑特色企业文化，怎样将企业的发展方向、自家公司的强项、企业文化及特征结合到全渠道中。虽然前面已经研究了其他公司的具体实例，但说到底，那也只是对方公司的全渠道。什么是全渠道？全渠道是某公司针对自己的客户而开展的具有本公司特色的接待服务。所以，明确自家公司全渠道的方向性是很有必要的。

比如，在各种订单渠道中，就一定要体现出具有"本公司特色"的接待方式。

在现实的实体中，有店铺销售和外商（或者随叫随到服务）。在虚拟的网络中，有 PC、智能手机、平板电脑以及 KIOSK 自助终端机（比如，LAWSON 的"Loppi"多功能媒体终端机、FamilyMart 的"Fami Port"等）。在这么多购物入口中，能否提供让顾客感觉是在同一环境中享受的服务，这一点是非常重要的。

最后，全员要彻底理解库存管理的思考方式、方法及其重要性。

在全渠道中，店铺专用库存、网络邮购专用库存这种以前的库存管理思考模式已经没有意义了。我们要做的是实时把握目前该库存处在什么样的状态下，是否能够立刻搬运，移送、配送需要花费多少时间等，并把这些信息进行相互关联。比如，将库存按照仓库的库存、店铺内的库存、移动中的库存、（顾客购买后，还未取货的）暂存库存、邮购配货用的库存等进行分类，让全公司的各个部门了解本公司的库存管理方向。

我们为什么花费如此多的时间和精力做这件事情？我们是为了什么样的目标而开展这项工作的？包括合作企业、关联企业在内的所有参与者都必须要有一个共同的认知，那就是"我们在同一个平台上"。

以上过程都准备完成以后，才能构筑全渠道的两个基础，即"库存的一元管理"和"价格的统一"。

（3）用心构建与顾客的接触点

接下来，我想谈谈为了开展全渠道需要注意的问题。

能否开展"无论通过什么样的渠道都能够将商品送到客户面前"的全渠道，将会直接决定流通零售行业的未来。因此，作为公司的经营者，一定要有相应的觉悟，要把构建全渠道放在公司重要的投资位置上。当然，必要时也要重新规划组织机构的存在形式。

其中，我认为比较重要的一点是"用心构建与顾客的接触点"。以前，在开展网络邮购业务的时候，只要委托给宅配公司就可以了，好像也不会出现什么问题。

但今后，网络邮购的主流可能不再是宅配便收货，而是便利店取货、专用储物柜取货等。如果能够看到这样的时代趋势，就会明白不是"包裹发出去就结束了"，我们要思考的是"怎样做才能将商品准确地送到顾客手中""顾客怎样取货才比较方便"等这类的问题。

例如，用宅配便配送客户订购的鲜鱼时，要思考怎样才能一次就配送成功，怎样才能在新鲜、完整的状态下将鲜鱼送到客户手中，并要构建收货时能够验收商品质量的系统。我曾经在自己的家乡，山形县东根市纳过税（译者注：现在日本国民可以任意选择自己喜欢的地区纳税，比如自己的家乡）。为表谢意，东根市政府给我寄了一些佐藤锦的樱桃。收到的时候，我发现里面的樱桃有一些创痕。这对于我和如此用心为我寄来家乡引以为豪的特产的东根市政府来说，都是一件非常遗憾的事情。

因此，顾客什么时候取商品，什么时间才是最好的收货时机，认真分析这样的数据，思考怎样才能在最好的时间为顾客配送，等等，这种订单配送的管理也是很重要的。

我认为，能否在这些基础方面踏踏实实地下功夫，将会直接影响未来的全渠道能否获得成功。

还有一点也需要注意，那就是要创建"顾客愿意去的店"。全渠道是未来的发展关键，也是重要的战略。但是，仅仅提供全渠道能够实践的环境是不足以吸引顾客的，关键还是要提高自身店铺的魅力。商品的品牌力自不用说，客户接待能力、导购能力、不输给其他任何一家店铺的微笑服务等，在这些比较细微的事情上都应该多多用心。"我想去那家店""我就想在那家店买"，为了让顾客有这样的想法，就一定要创建出与众不同的、有自己企业独特魅力的店铺，而这也正是在全渠道时代中成为胜利者的条件。

"消费者只是想愉快地、方便地购物。能够实现消费者这一愿望的是店铺。"这是全渠道的原点，请无论何时都不要忘记。

第四章

先行者美国——『体验』最新的商业模式

自 2011 年起，我每隔一段时间都会去美国访问学习。在本章节中，我将基于自己这些年在美国的实地考察和亲身体验，介绍全渠道商业模式的领头羊——美国在全渠道方面的一些动向。

1 美国正在发生什么

（1）开始付之于实践的全渠道

"实体店与网店对决的时代已经落幕。全渠道才是通往成功的唯一道路。"

这是美国零售业协会（NPF）在 *STORES* 杂志（2015 年 7 月）发布的"美国零售百强"特集中的开头。接着，该杂志继续写到"现在的顾客拥有无数种购物方法，各流通零售业都在积极地应对顾客需求，拓展销售渠道"。

该报道指出，流通零售业的巨头公司，比如沃尔玛（Wal-Mart）、克罗格（Kroger）、好市多（Costco）、家得宝（Home

Depot）、塔基特（Target）、沃尔格林（Walgreens）等都试图通过向消费者提供更广阔的网购市场及网上数字化互动服务提高竞争力，奠定自身在零售行业的绝对优势。而另一方面，以亚马逊为代表的电子商务，想要通过展厅和 Pop-up Store（也称为"期间限定店"，是一种临时性店铺）等形式，增加与消费者之间的直接接触，积极促进线上与线下双重渠道的融合。

在美国，"全渠道"已经不再是概念，不再是口号，而是实实在在的战略，谁具备了这种能力，谁就能成为未来零售业的赢家。这个时代的消费者拥有无数的购物渠道，为了满足他们在商品及服务方面的各种需求，无论是基础设施、库存管理，还是物流、市场营销，商家都要全面地进行调整。尤其要重视能够准确把握库存数量和位置定位信息的库存管理技术，它是实现全渠道的最重要的基石。

（2）与实体店的购物相结合

"全渠道"在美国成为"热词"是在 2011 年，那以后很多企业都积极采取行动，将全渠道理论与本企业的实际情况相结合，确定公司的"全渠道走向"，并进入了具体的实施阶段。

比如美国的第二大折扣零售商——塔基特在 2013 年 11 月

开展了"店内取货"业务。这项业务的具体内容是，如果顾客需求的商品在店铺内有库存的话，那么顾客在下单 4 个小时以后就可以到店铺的前台取货。由于这项服务的开展，年初年末的长假期间，店铺的销售额增长了 20%。而且，据说利用这项服务的顾客中有近 3 成的人都会在取货时顺便在店铺内进行再购物，与店铺销售形成互惠互利的效果。

这项服务在本章节的后半部分将会详述，下面我们来说说美国零售业第三位的西尔斯公司。为了全面应对全渠道，西尔斯公司不但提供了专用的店铺取物柜，还在店铺内设置了KIOSK 自助终端机，以便顾客在店内确定想要购买的商品后，可以利用 KIOSK 终端机自助下单。同时，还提供了"车载取货

图 4-1　美国折扣零售商塔基特提供网上下单商品的店内柜台取货服务

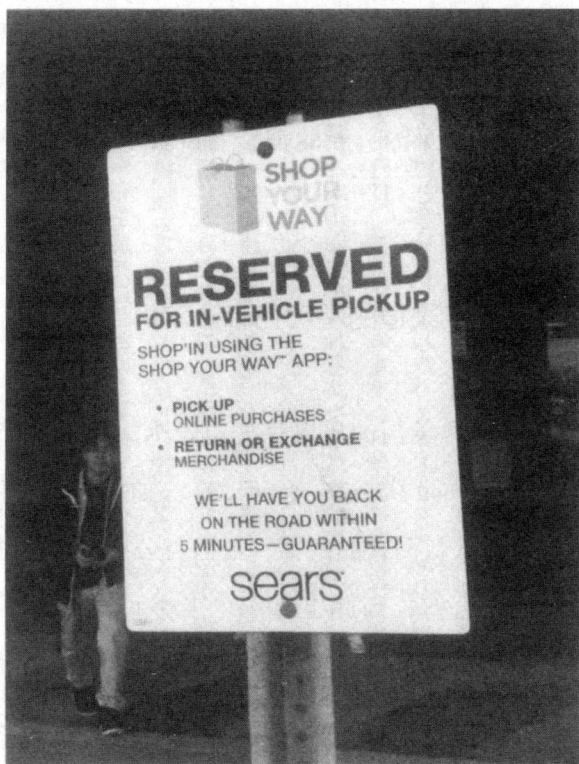

图 4-2　西尔斯提供网上下单商品的店铺旁边专用停车场取货服务

（In-Vehicle Pickup）"服务，顾客利用专用 App 在网上下单后，就可以在店铺旁边的专用停车场取货。如果店铺在接到顾客提货申请的五分钟之内没有将商品送达的话，顾客将会得到 5 美元的优惠券。

全球最早启动全渠道模式的美国最大的百货连锁店——

梅西百货也提供店内取货服务。但是，正如我将要在后面提到的那样，2013 年 6 月我去美国实地考察的时候发现，它既花费精力又花费时间，一般的消费者并没有非常普遍地利用这项服务。

（3）注力于全渠道的星巴克和沃尔玛

2014 年 11 月，美国的星巴克公司表示，将在 2015 年提供"餐饮外卖服务（Food Delivery Service）"。如果您利用智能手机的 App 下单购买饮料和食品的话，星巴克公司就会将热腾腾的食物送到您的办公室，因此也称作"移动下单及支付（Mobile Order and Pay）"服务。在消息发布的当日，星巴克公司的 CEO 霍华德·舒尔茨（Howard Schultz）在接受美国 ABC 电视台的采访时说，"全球的饮食业都必须开展宅配业务"。这句话使我备受冲击，因为就连星巴克这种极具品牌力量的企业都感受到了由智能手机及平板电脑等移动终端带来的"轻松下单购物"的威胁。而另一方面，也可以看出星巴克公司已经充分意识到了为本公司的客户提供便利服务的重要性。

2014 年 12 月，移动下单及支付服务率先在美国俄勒冈州的波特兰（美国西北部港市）正式展开。随后，对象区域逐渐扩大，至 2015 年 6 月这种服务已经普及了全美 22 个州。美国的纽约和洛杉矶也在全面展开外卖业务，并且尝试性地采用了"自公司配送"和"委托外部配送"两种形式。

世界最大的零售商沃尔玛的情况会在后面详述。沃尔玛全力发展自己的网购网站"Walmart.com"，并将营业额扩大到如今的规模，想必也是和星巴克公司一样的理由。而这一切大概都来自于"如果被电商企业夺去了自己商圈内的客户，那么店铺将很难再维持下去，因此绝不能让电商企业夺去商圈内的顾客"这种想法吧。

如果是实体店之间的竞争，那么只要观察顾客的进店率，就会很容易弄明白自身销售额下降的原因，从而采取诸如"如果顾客被那家店夺走的话，我们也要利用不亚于对方的价格将客户夺回来"这类的反击措施。但如果对手是电商的话，就无法马上弄清销售额降低的原因。无论是电商巨头亚马逊，还是电商的其他企业，都无法立刻采取相应的措施进行直接抗衡，而唯一的办法就是"进军包含电商销售的全渠道商业模式"。我认为沃尔玛就是这么想的。实际上，据 UBS（瑞士联合银行集团）的证券分析师分析，在沃尔玛店铺购物的顾客当中有 53% 是亚马逊的客户，而利用沃尔玛网店购物的用户仅有 19%。这说明消费者很有可能将原本在沃尔玛购买的商品转去亚马逊购买。

现在不仅美国拥有这样的状况，日本也迟早会迎来这样的时代。我认为，"全球的零售业都将不得不开展全渠道模式"。

2 日美物流的不同

想要准确理解美国的全渠道，必须先了解其背后的物流情况以及对物流的意识。因为对日本人来说理所当然的事情，很多时候在美国并不通用。这来自于两国国土面积相差 25 倍，来自于电车迟到 1 分钟就要在车内播放道歉广播的日本，与认为电车迟到是正常现象的美国的国民性的不同。

（1）所需时间

在日本，以宅配便为代表的配送行业，能够将需求的商品送到全国绝大多数区域，而且标准是翌日配送。在日本的亚马逊，如果你是亚马逊 Prime 会员的话，还可享受免费配送和当日送达服务。友都八喜也免配送费，并且 13 点前的订单可以在 17 点 30 分送达。在面对一般消费者的电商服务中，为消费者配送商品时的配送速度被认为是影响顾客满意度的因素之一。虽然根据具体的配送距离以及下单时间配送速度会有所不同，但是在一部分商家中，已经开始提供"当日配送，当日收货"服务了。

那么，美国的物流状况是怎样的呢？

实际上，美国的配送速度是缓慢的。顾客在网上购买的商品，一般从下单到配送需要一周左右的时间。而且，也不提供指定时间送货服务，周日基本上不开展配送业务，没有日本认为应当提供的指定时间配送和周末配送服务。因为配送速度（所需时间）会受到国土面积的影响，对于面积是日本25倍的美国来说，很难达到与日本匹敌的配送速度。而且，由于会造成成本提高，配送费上涨，所以顾客会倾向于放弃原本的高速度配送。

比如，如果是邮购，顾客可以选择"Ground 或者 Air（货车邮寄或者航空邮寄）"。当然，价格会有很大不同，航空邮寄有时需要支付10美元（约1200日元）以上的配送费。如果是急需商品的话，或许会愿意支付这部分费用，但平时消费者是不想支付那么多的，所以一般会选择货车邮寄。

此外，在日本，当顾客家中没人的时候，配送方需要将包裹带回，但是在美国，包裹会被直接放在玄关处。日本称之为"置配"。这对日本的宅配行业而言是无法想象的，但在美国却非常普遍。

在美国国内，认知度比较高的宅配公司是 UPS，全称 United

Parcel Service，是一家在宅配（个人住宅的配送）方面很有口碑的公司。我观察过美国的诸多邮购物流公司，感觉有 9 成的消费者会选择利用 UPS 配送。可以说，美国的 UPS 相当于日本的大和运输。实际上，据宅急便的创始人小仓昌男说，他是在美国看到 UPS 之后才认识到有这样一种配送方式的。现在，大和运输也在和 UPS 合作。

在美国所有区域全面实现第三日配送的是从事航空货物运输的国际快递公司——FedEx。FedEx 的专长是针对办公室、事务所等办公地的配送。创始人弗雷德·史密斯（Fred Smith）将大学时代以论文形式分析归纳的"中心 & 幅条方式（Hub-And-Spoke，轴辐式，比如，若将 6 处机场逐一连接起来，那么需要 15 条线路，但是若将其中 1 个机场作为中心机场，则只需要 5 条线路的思考方式）"作为一种商业模式进行实践，大幅度降低航空货物物流成本，构筑了世界上屈指可数的货物公司 FedEx。FedEx 在日本就相当于擅长 B2B 业务的佐川急便。

日本电子商务巨头乐天集团收购的美国物流企业 Webgistix（2013 年 6 月发布），主要为乐天提供物流服务，确保商品 3 日以内（覆盖范围为能够陆地运输的 98%）送到客户手中。在美国，2 个工作日以内将商品送达是十分具有竞争力的，这大概就是在美国曾经没有物流据点的乐天将 Webgistix 收至麾下的原因吧。并且，乐天集团还强调，"虽然亚马逊 Prime、eBay、谷歌也能实现 2 个工作日以内完成配送，但是我们公司的成本会更加便宜"。

在配送速度缓慢的美国，基于全渠道战略，网络邮购公司为了与实体店的配货、店铺取货等业务竞争，不得不提高自身的配送速度。在一部分大城市中，已经开始提供"1 小时内的配送"服务。只是，不提供免费配送，也没有折扣，需要顾客承担相应的金额。

（2）库存量的不同

在日本的企业，服务率（接到订单后能够发货的比率，即发货率）的目标值是 99.9%。如果不能达到 99% 以上，就会被认为"出货精度差"。但是，据说美国的服务率一直停留在 91%~92%。也就是说，有近 1 成（10 次中就有 1 次）接到的订单由于没有库存，所以无法发货。然而，即使有这样的状况，顾客也不认为有什么大问题，从这一点来看，美国的消费者对于这类事情还是比较宽容的。

这种发货率的不同，对于物流方在库存量的思考方式上也是有影响的。为了确保"有库存、无缺货"的状态，需要大量的库存。因此，日本企业的库存量不得不是美国的 2~3 倍，仅在这一点上，日本商品的保管成本就多出了许多。

现在，无论在日本还是美国，零售业都开始受到老龄化的影响。

与青壮年相比，老年人的活动范围相对狭小，对于开车购物、在店内走动这样的事情也感到越来越有负担。以前，为了让顾客能够更加愉快地享受购物而开设的郊外型大型店铺、大规模购物中心也因越来越多的老年人无法驾驶私家车去购物，反而成了不方便的地方，出现了客户锐减的现象。我想，美国国内的购物中心减少的其中一个原因，就是受到了这方面的影响吧。

在日本，有越来越多的老年人考虑到生活的便利性，移居到了城市中心居住。

因此，无论是日本，还是美国，都在加速开发城市中心的小型超市。

但是，这其中出现了一个问题，即对于已经习惯了摆满齐全商品的大型店铺、大规模店铺的消费者们来说，是否能够满足于在有限空间内陈列商品的小型店铺呢？而且，如果店铺变小的话，相应的库存空间也会减小，每个店铺的商品数量、库存量也会减少。

如果商品库存量减少，缺货的可能性就会变大，这样会错过销售的机会。

遇到这样的问题，日本人思考的是，怎样做才能避免缺货、不失掉任何一个销售的机会。而为了避免这类状况的发生，日本人认为就算是花费一些成本，也是没有办法的事情。于是，便利店的每日 3 次配送体制就出现了。在 7-ELEVEn，如果包含书和冰激凌，那么平均每天的配送次数会达到 9 次。

与此同时，在拥有广阔国土面积的美国，完全实现多种类、高频率的配送也有不现实的地方。对于店铺内没有库存的商品，商家会直接告知客户"我们这里没有您需要的商品"，然后凭借接下来的服务来维持顾客的满意度。比如，告诉客户"我们可以帮您预约"等。在全渠道时代，也可以利用平板电脑等设备，无缝式地购买到店铺中没有的商品。

对于以接近满分为服务目标的日本来说，美国的服务更倾向于合理地考虑、现实地应对，这大概就是两国国民性的不同吧。也正是因为这种不同，才使得两国在评定服务质量等方面存在着本质的差异。

始终贯彻"顾客中心主义"的亚马逊一直坚持在公司的基础建设方面大量投资，以接近日本式的思考方式应对各类问题。

（3）物流的过程（Fulfillment）

邮购行业经常使用"Fulfillment"这个单词。

它是指从接受订单到物品流通、支付、退货，即接受订单后经过怎样的过程，将商品送到客户手中的功能。我认为，这与彼得·德鲁克（Peter Ferdinand Drucker）提出的"Logistics"，迈克尔·波特（Michael Eugene Porter）提出的"Value Chain"几乎是相同的事情。

在美国，即使是一般的企业，也会成立自己的物流（Fulfillment）部门。因为如果公司能够独立管理物流系统的话，就更容易将商品有效率地送到客户手中。这一点说明，美国的企业对于物流的重要性有着极为深刻的理解。

但在日本，现在仍然有很多企业把从接受订单到退货的全过程委托给中间流通商、批发商或者生产厂家，自家企业则什么都不管。

由于网络邮购业务的高速发展而带来的"价格破坏"（消除中间手续费）以及价格比较网站带来的流通价格透明化等原因，很多零售商仅仅依靠调整卖价与成本，已经越来越难维持基本的收益了。在这种情况下，为了确保日后的收益，一些公司及经营者提出了提高物流效率、削减物流成本等方法。但是，就我个人的观点来说，企业到底对物流的本质了解多少，根据我所观察到的其中动向，可以说还是很不成熟的。今后应该以物流为核心轴，重塑商业模式。

现在，邮购物流行业中一些有远见的企业，已经在公司内部构建了能够统一整合管理物流的体制，其中就包括将物流部分外包给专业的物流公司。爱速客乐（ASKUL）是一家以邮购形式为各企业提供办公用品的公司，其利用近20年来积累的经验和技术为其他公司提供外包物流服务。

（4）物流中心情况

在日本的大型流通链中，从某个时期开始，在本公司设立物流中心（统一交货中心）成为主流。而最近几年，物流中心的大型化也开始备受关注。但在实际的运营上，很多企业还是像以前一样，将工作统统委托给中间流通商、批发商或者生产厂家，自家企业则什么都不管。

物流中心可以分为生产地布局和消费地布局两种类型。一般认为，最好将物流中心设置在生产地周边或者消费地周边，因为如果设置在两者之间，很多时候都是在白费工夫。

以前的日本零售业一般都是自家公司买地，然后在上面修建自己的物流中心。但是，最近日本也和美国一样，有越来越多的商家租用 REIT（不动产投资信托公司）的商业设施。在美国，物流中心主要在像工业用地那样的大片的、平坦的土地上划分区域修建。但是在土地价格高昂的日本，大都采用的是"阶层式"建筑。比如日本亚马逊·物流、乐天、Start Today、Japanet Takata 等作为租赁使用的物流中心，基本上都是多层阶建筑。

那么，美国的物流中心是什么状况呢？

沃尔玛被誉为是世界上最擅长物流战略的零售公司。现在，该公司已经在全美 158 个地方开设了物流中心。日本的企业在建造物流中心的时候，一般都是先开辟商业合作企业和实体店铺。如果在既存的物流据点中存在成本过高或是交货速度过慢等问题的话，则会再考虑设置新的据点。但沃尔玛恰好相反，它是先设置物流据点，然后再开设店铺。据说那时候，会修建可以为周边 7 家店铺提供商品的物流据点。

（5）物流（Logistics）的思考方式

沃尔玛的这种构建方法，可以认为是在很多战场中被实践的后勤学（Logistics）在实际物流中的应用。

1990年8月，以伊拉克进军科威特为契机，联合国安理会决定派遣各国军队参与到海湾战争中。在这次海湾战争中，从决定派遣部队到首次空袭实际花费了很长时间。这期间一直在等待战备物资的齐备，需要借用船舶将（战争必备的）弹药、（补充营养的）食物以及（放松心情的）口香糖等不断地运到科威特。如果将其置换到商业模式，那就相当于销售战略和物流战略的相互影响。首先预想怎么开设店铺，然后通过构建物流据点的物流中心与同行企业竞争，从而在短时间内确立优势地位，在周边集中开设店铺。

据说沃尔玛其中的一个物流中心覆盖的区域，其半径达到了200英里。将200英里换算一下，就是300千米以上（约320千米）。如果以东京为起点的话，就相当于北到仙台市，西到三重县的津市、北陆地区的金泽市、福井县附近（译者注：即相当于日本国土面积的1/3）都是一个物流中心所覆盖的范围。而在这个范围内，沃尔玛公司最终将会开设90~100家店铺。

沃尔玛拥有59000台拖车、6100台拖车头和7200名货车司机。几年前，我曾经遇到过一位为沃尔玛运送商品的司机。据那位司机讲，"一旦上了车，就得一直这么开着"。这种说法大概只有在拥有国土面积是日本 25 倍、店铺之间存在一定距离的美国才能听到吧。通过这样一个为店铺配送商品的例子，我深深地感受到了两国面积的不同，或者说，本来两国思考物流的着眼点就是不同的。

最近在日本，也有越来越多的企业像 7-ELEVEn 一样，在拓展新区域开设店铺的时候，先设立副食工厂和物流中心等再布局开设店铺。

现在，在日本国内拥有约 18000 家店铺的 7-ELEVEn，于 2015 年在青森县（6 月）、鸟取县（10 月）开设新店铺，终于实现了在除冲绳以外的 46 个都道府县开设连锁店铺的目标。7-ELEVEn 自 1974 年在东京都江东区的丰州开设第 1 家店铺开始，经过了 40 多年的时间，终于达到了如今的规模。从这些年开店的进度看，7-ELEVEn 完全可以更早地实现在 46 个都道府县开设店铺的目标，但由于其始终坚持"先特定区域，再集中开店"的经营战略，才会一直等到 2015 年。具体来说，7-ELEVEn 的经营战略是：首先设立物流中心和副食工厂，然后集中开设店铺，实现每日 4 次配送，确认打败竞争对手后，再向下一个区域"进军"。与其他竞争企业相比，7-ELEVEn 始终保持一贯的商品质量，连锁店内部几乎不会出现缺货现象。这使得 7-ELEVEn 拥有稳定的客源，并能够在竞争激烈的零售行业中长久立于不败之地。

（6）向 UPS 的霸主地位挑战

美国网络邮购行业的增长率仍在不断提高，带动这种数据增长的就是在美国等北美电商中市场份额达到 38% 以上的亚马逊。但是，这种增长背后，也有将商品准确无误地送到客户手中的物流的功劳。

我们在前面已经介绍过 UPS，它在以网络邮购为代表的 B2C 配送业务中，占有近 9 成的压倒式的市场份额。由于 UPS 的霸主地位，就连像亚马逊、eBay 这样世界上驰名的电商企业，也不得不接受 UPS 提出的配送金额。本来预计以便宜的价格销售的商品，也会因为配送费的问题，使消费者的负担额变大。特别是以低价格作为卖点的商品，如果配送费比较高，这些商品的魅力就会随之变弱。

为了改变这种优劣关系，夺回控制成本的主动权，各家企业开始了各种尝试。后面将要提到的亚马逊利用小型无人机提供的宅配服务 "Amazon Prime Air"、谷歌的配送服务 "Google Express" 都属于这类尝试。

（7）美国的再配送和店内取货服务

在日本，再配送是一个需要解决的问题，这部分内容将在第五章中详述。但在美国，再配送问题却没有受到广泛关注。这是因为美国和日本对于取货和配送完成这两个概念的理解是不同的。

在日本，取货的时候需要收货人签字，这在美国看来完全没有必要。美国配送商品的时候，只要将包裹放在门前或是玄关处就是"配送完成"。也就是说，由于收货人不在家、无法接收包裹而带来的"再配送"问题，在美国几乎没有思考的必要。

其实，本来美国 EC 商品的标准收货时间最短也是下单后的第 3 天，而且，一般不提供指定时间段的收货服务。也就是说，对于经常外出的人来说，想在自家收到商品，并没有日本那么便利。

因此，在美国，"为了更早更准时地收到商品"，很多消费者都选择利用店铺取货服务。与日本不同，美国人一般都开车上班，在网上下单后，在回家的路上到店铺取货，这是日常生活中非常合理的行为模式。

例如，消费者如果在世界最大的零售商沃尔玛公司的网店购买商品，就可以指定在其旗下设立的小型"Neighborhood Markets"门店或是"Walmart Express"门店（预计将合并到 Neighborhood Markets 门店中）取货。通常，在沃尔玛网店下单的商品的配送服务，由物流中心和最近的店铺提供。随着商品店铺取货数量的增加，沃尔玛正在积极摸索能够更有效率地构建物流系统的组合形式。

最近，店铺取货的形式也在发生一些变化。现在，顾客不必先将车停在店铺的停车场再去店内的取货柜台取货了，因为有越来越多的商家开始为消费者提供诸如"免下车（drive-through）"这样的服务，便于消费者在车上就可以收到商品。

提到在美国购物，我们的印象一般是，顾客将私家车停在很大的停车场里，然后在宽敞的购物中心，一边推着购物车一边选购商品。但是，现在的美国，虽然老龄化的速度不像日本那么快，但也确实在发展，越来越多的人对这种一直延续下来的购物形式感到了体力上的欠缺和不安。在沃尔玛店内，坐着电动购物车购物的老年人正在逐渐增多。偶尔，你还能看到他们坐在两台相连的电动购物车中，一边愉快地聊天一边选购商品的身影。

这种"网络邮购⇒店铺取货"服务，可能是为了让消费者还能像以前一样享受购物而提出的其中一个对应办法。

从下节开始，我们来详细看看美国企业的具体事例。

3 世界最大零售商沃尔玛的发展对策

世界最大的零售商沃尔玛在世界 27 个国家拥有 11000 多家店铺构成的店铺网。2014 年，其在美国国内的销售额为 3436 亿美元（约 41 兆日元），而在世界范围内的总销售额达到了 5084 亿美元（约 60 兆日元），以绝对优势位居榜首。此外，在 EC 市场中，沃尔玛也继亚马逊（795 亿美元）、苹果（206 亿美元）之后成为世界第三大电商巨头［EC 营业额数据来自于美国权威电子商务杂志《互联网零售商》（*Internet Retailer*）的 "500 强指南，2015 年"］。

2015 年 6 月，为了考察最新的全渠道情况，我访问了美国。在美国期间，我曾尝试通过多种网购渠道订购商品，体验美国的全渠道服务。其中，我尝试着在沃尔玛网站上购买了好时（Hershey's）巧克力，邮件通知显示的收货日期是订货之后的第 8 天，那时我应该已经回到日本 2 天了。因为感到不方便，而且已经发货的商品又不能取消，所以我决定将巧克力送给宾馆的工作人员。于是我与宾馆联系，竟被告知巧克力已经到了。这比邮件通知的收货日期提前了 3 天。通过这件事，我深刻体会到了美国与日本服务品质的不同。

全世界的总营业额 5084 亿美元，营业利润 170 亿美元（约 2 兆日元），员工人数 220 万，这就是世界最大的零售商沃尔玛的业务规模。该公司在 2014 年就任的 CEO 麦克·董明伦（Doug McMillon）的领导下，开始大力发展网上业务。也许是因为麦克·董明伦在沃尔玛的事业生涯起始于物流中心，他提出，今后在对网络邮购进行大规模投资的时候，将对其专用物流中心的基础设施配备以及供应网、技术开发集中投资，并确立利用现存店铺网开展配送业务的机制，计划将供应的商品种类增加到 1000 万。

关于沃尔玛全面开展网络邮购业务的时间，我认为应该是从 2013 年成立邮购专用的物流中心开始的。那时，全公司都充分意识到了"与其被亚马逊等电商公司夺走网上邮购的销售额，不如自己公司开展这项业务"。而从近期的业绩来看，沃尔玛的网络邮购销售额已经超过了 120 亿美元（约 15000 亿日元）。虽然这与亚马逊 EC 营业额的 795 亿美元存在很大的差距，但是作为拥有实体店铺的零售商的 EC 业绩，它已经与梅西百货（约 54 亿美元）并称为双强企业。

我认为，沃尔玛的电商采取的就是高效的全渠道战略。

其中，销售平台是沃尔玛网店"Walmart.com"。物流平台有 3 个邮购专用的配货中心（Distribution Center，简称 DC）和 158 个向店铺供货的物流中心，能够积极高效地活用各店铺内的库存。配送平台中，既可以提供宅配服务，也可以提供店铺取货服务，据说顾客对于全美能够提供店内取货的 4000 多家店铺需求很高，农村约 54%，郊外约 52%，城市约 37% 的人会选择店铺取货。

为了抗衡电商巨头亚马逊，沃尔玛采取了相应的对策，其特点是活用现有店铺网和提供专用的取货设施。

比如，"Ship From Store" 就是指网上下单的商品在店铺内分拣，然后从店铺发货。也就是说，将店铺作为物流中心、配送据点使用。这样能够缩短配送线路，降低成本。

最近，这种形式又有了新发展，大型店铺及其周边的中小型店铺开始尝试共享商品库存。大型店铺和小型店铺之间，原本在库存的容量方面就存在差异。在小型店铺中感觉不太好销售的商品，或是占地面积太大的商品，从一开始就不设有库存，需要的时候会从大型店铺的库存中取货，这种想法被称为 "Tethering"。

无论是 "Ship From Store"，还是 "Tethering"，能够如此简单地拓展新形式是因为实现了包括位置信息在内的商品实时库存管理。据说利用沃尔玛的手机 App，通过 GPS 选定店铺、检索商品，就可以清楚地知道商品被放置的地点。同时，商品图片、店铺卖价、商品评价、通车路线等全部都能显示出来。此外，它还可以用作店内配货时为工作人员提供帮助的工具使用。

网上下单的商品在最近的店铺取货，用英文表述是"Site to Store"。店铺取货是免手续费的。在取货专用的储物柜取货的话，可以 24 小时随时取货。但是在店内柜台取货的话，则会被限制在 10 点~22 点。即便如此，在沃尔玛网上下单的顾客也有 7 成会选择在店内取货，这说明沃尔玛的店铺是充满魅力的。

沃尔玛也在积极开发店铺以外的取货网点。其中之一，就是在 2014 年 9 月开设的新业态 1 号店——"沃尔玛食品取货站（Walmart Pickup-Grocery）"。简单地说，就是与网络联动的"免下车（drive-through）"型店铺。在网上订购的商品，可以在与专用的物流中心（420 坪）比邻的、类似 drive-through 的商品取货专用停车场（容量 33 台）取货，而且不需要下车，在车上就可以接收商品。

能享受该项服务的商品约有 1 万种。价格与店铺相同。目前，沃尔玛只在亚利桑那州等的 3 家店铺开展这项业务，顾客从下单到收到商品最短只需 2 小时。对店铺来说，这样既可以简化收银台等店铺设备以及摆放商品等工作，而且与网店相比，也能够大幅度减少配送成本。

在沃尔玛网店购买的商品，如果金额在 35 美元以上、收货时间在 6~9 个工作日以内（Value Course）的话，一般是不需要手续费的。但如果是 3~5 个工作日（Standard），或是 2~3 天（Expected）、1~2 天（Rush）的话，则需要支付费用。

为了与亚马逊的"亚马逊 Prime"服务竞争，沃尔玛在试行"Unlimited Shipping"免费送货服务后，开始正式提供"Shipping Pass"服务。该服务每年年费 50 美元，承诺 3 日内的配送全部免邮费。与亚马逊不同的是，它不提供周日配送服务。

据一项调查报告显示，回答"喜欢（Likely or Very Likely）"沃尔玛"Shipping Pass"服务的人中，近半数是消费意愿强烈的年轻一代（1983—1997 年出生）。他们与以前的沃尔玛消费群

图 4-3　在沃尔玛食品取货站（Walmart Pickup-Grocery），顾客无须下车便能在车上接收网上下单的商品

体相比，收入偏高。

亚马逊的"Amazon Prime"与沃尔玛的"Shipping Pass"服务，最终哪一个会更具竞争力，现在还不得而知。但是，只要沃尔玛的"Shipping Pass"能够争取到新的客户群，那就说明沃尔玛已经足够成功了。

在与对手亚马逊的竞争中，沃尔玛也在不断强化全渠道战略。2014年推出了名叫"Savings Catcher"的全新的比价工具。用户只要下载沃尔玛App，扫描收款条上的条形码，App就能自动比较购入商品与当地超市中该商品的广告价格。如果当地超市的价格低于沃尔玛，那么沃尔玛就会退还差价，并将退回的差价积累到客户的e礼品卡中。没有智能手机的用户，可以在电脑上输入收款条号码获得同样的优惠。我也试着体验了一下这项功能。我认为，其实对于极具竞争实力的沃尔玛而言，几乎没有哪个竞争对手能够提供低于它的商品销售价格。

沃尔玛非常清楚物流的重要性，因此才会选定最适合的地点新设专门开展邮购业务的物流中心，其仓库内的构造也是最适合邮购业务的。可以说，沃尔玛期许的是充分利用店铺网和其中的库存，实现物流的最完善化。

4　亚马逊的全渠道对策

亚马逊 2014 年的营业额是 795 亿美元，在过去的 3 年中急速增长了 176%。业内人士非常看好亚马逊的发展，10 年中股价上涨了 10 倍以上。其股票市价总值也在 2015 年 7 月 23 日超过了世界最大的零售商沃尔玛。

此外，亚马逊在全美建造了 85 处物流设施，工作人员达到了 18.31 万人，并在提高物流的便利性方面进行着积极的探索。

（1）顾客至上主义

一般提到全渠道，就会觉得是线下零售商，为了抗衡亚马逊等电商而加强自身线上业务，实现实体店与 EC 相融合的商业模式。但是，最近备受关注的是以亚马逊为代表的电商企业，其通过与线下拥有实体店的零售商和服务业合作，也在积极地拓展全渠道业务。

亚马逊以"拥有地球上最丰富的商品"为傲，推崇"顾客至上主义"，是一家以长期的眼光思考经营战略，不断推陈出新的企业。

比如，亚马逊的"Amazon Prime Air"服务。亚马逊利用叫作"DORON"的小型无人机，将商品送到距配送据点半径10英里（约16千米）以内的客户手中，从下单到送达商品只需要30分钟以内的时间。可能有的人已经在网上看到过关于介绍小型无人机的视频，它能够安全地将商品送到客户手中。在日本，DORON的使用安全性以及被恶意利用的风险等方面备受关注，据说当初为了获得美国当局的许可，亚马逊也是花费了一些时间的。

此外，亚马逊运用最新的技术，开发了"Amazon Dash""Amazon Dash Button""Amazon Echo"等一系列能够简化下单程序，优化下单功能的移动终端。虽然智能手机也具有这样的

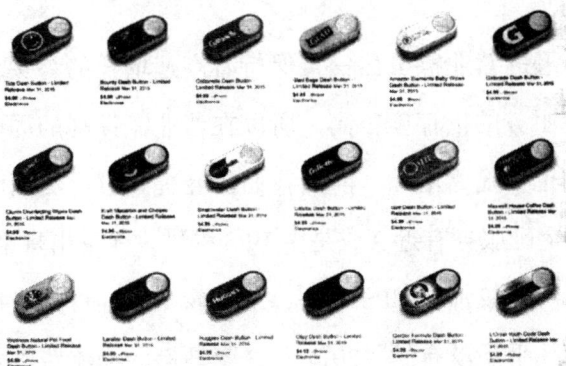

图4-4　利用Amazon Dash Button，只需按一下按钮，就能完成下单

功能，但是这些设备能够在你需要的时候，瞬间帮你完成下单。图 4-4 显示的是 Amazon Dash Button，只要你按一下按钮，亚马逊就会自动送货上门。将这些下单按钮挂在或贴在家中，需要的时候伸手按一下就可以了。

亚马逊还尝试了一些比较特别的服务。例如，尝试让普通人开着私家车配送包裹，或者是与奥迪合作，将包裹放在奥迪车的后备箱中进行配送服务等。在众包（Crowdsourcing）中其实已经有这种雇用普通人送货的配送模式了（比如后文中将会提到的 Instacart 公司等），但亚马逊仍在自身发展的道路上不断完善，挑战各种可能性。

（2）开展自公司配送业务

亚马逊的营业额虽然一直保持着高速增长的势头，但由于对宅配便服务的依存度很高，所以在营业额提高的同时，物流费的比例也会随之增加。前面我们已经提到过，美国面向一般消费者的宅配服务有近 9 成是由 UPS 提供，无论出货量有多高，配送费的决定权都在 UPS 手中，所以像"大客户数量折扣"这样的事情几乎是没有的。2011 年，亚马逊的物流费占到总销售额的约 8.5%，2013 年上升到 8.9%，2014 年大幅度提高到了 9.8%。

一年的配送费也上升到近 87 亿美元（以 1 美元 =120 日元换算的话，超过 1 兆日元）。

作为处在发展期的企业，就算总体结构上存在问题也是能够运转的。但是，为了改变这一现状，亚马逊积极探索了各种解决方案。

或者说，亚马逊在尝试开展自公司配送业务方面挑战了各种可能性。

其中之一是"Amazon Locker"服务。为了让顾客能够在更方便的地方取货，2011 年秋季开始，亚马逊在总部所在地西雅图和纽约试运行了"Amazon Locker"服务，即在大城市的车站周边超市、购物中心、杂货商店以及图书馆等地方设置收货专用的储物柜。下单的时候，只要将收货地点选择为储物柜，商品就会被投放到储物柜中，顾客可以在规定的时间内自由选择合适的时机去取包裹。

此外，还有食品宅配服务"Amazon Fresh"。此项服务开始于总部所在地西雅图，虽然现在只在一定区域内提供，但它实现了亚马逊自建物流的当日配送。

亚马逊首次提出依靠自公司开展"当日下单、当日送达（Same-Day Delivery）"业务是在 2007 年 8 月。据说美国人没有在网上购买生鲜食品的习惯，所以当初才会选择在根据地西雅图试水。

之后的一段时间，此项业务并没有明显的进展。直到 2013 年，"Amazon Fresh"服务才开始在洛杉矶（7 月）和旧金山（12 月）开启。现在，亚马逊正在西雅图、旧金山、洛杉矶、圣迭戈、纽约、费城这些大都市圈中提供这项服务。

享受"Amazon Fresh"服务，需要支付年会费 299 美元（其中包含 99 美元的 Prime 年会费）。

当天上午 10 点以前的订单会在当天下午 6 点前送达，而晚上 10 点前的订单会在第二天上午 7 点前送达。其中，城市部分采用自公司配送，其他地区则委托给第三方物流公司。亚马逊之所以专注于自公司宅配，是因为当包裹超过一定量时，自公司配送比委托其他物流更能控制成本，且这部分可以转化成公司的利润。

"Amazon Fresh"服务的对象除了蔬菜水果、鲜肉、鲜鱼这 3 种生鲜食品之外，还有日用消耗品、宠物生活用品、畅销书籍、文具用品和玩具等 50 万种商品。最低消费 50 美元，就可以享受冷藏冷冻的温度差别配送，而且在收货方式上，既可以选择指定 1 个小时范围内的"本人接收（Attended Delivery）"配送，也可以选择 3 个小时范围内的"门前置放（Doorstep Delivery）"配送。

另一个值得关注的是，"Amazon Fresh"已经与各地区专营店（实体店）展开合作。地区专营店在本地区利用亚马逊平台销售商品，也就是说，利用线上与线下相融合的模式开展业务。

（3）美国宅配环境下的配送

在美国，亚马逊的配送标准通常是收到订单开始的 3~5 个工作日内。商品金额达到 35 美元以上，就可以享受免费配送。2 个工作日以内送达，不限制下单次数，免费配送是针对亚马逊 Prime（Amazon Prime）会员提供的服务。年会费 99 美元是否比较贵我们暂且不论，成为亚马逊 Prime 会员不但可以享受免费配送以及免费无限次地观看电影和电视节目的"Prime Instant Video"服务，还可以享受免费收听数百万首音乐的"Prime Music"等服务。以前亚马逊 Prime 会员的年会费是 79 美元，在感觉牢牢抓住客户的需求之后，才在 2013 年涨到了 99 美元。

2014 年末，亚马逊在纽约的曼哈顿推出了 1 小时收货的"Prime Now"服务，该服务仅对亚马逊 Prime 会员开放，一经推出，便引发了热议。消费者可以通过亚马逊的移动 App 下单，对象商品达 2.5 万种，配送费需要额外支付 7.99 美元。服务从早上 8 点到 22 点，全年无休，如果客户选择 2 个小时收货的话，则无须支付任何额外费用（译者注：即不需要支付 7.99 美元）。

（出处）MWPVL

图4-5　亚马逊物流据点逐步向城市中心靠拢

图4-6　已经开始灵活运用 KIVA 系统机器人（货架下部的机器）的亚马逊物流中心

现在，除了纽约，"Prime Now"服务已经在芝加哥、西雅图、迈阿密、亚特兰大等地区陆续推出，而且英国也已加入其中。

实际上，亚马逊的客户主要集中在大城市。图4-5中标注★的地方是亚马逊2014年以后开设（包含计划开设）的物流中心。如图所示，亚马逊的物流据点在逐渐往城市中心靠拢。因为离客户越近，越能更早、更及时地送达商品。需要特别指出的是，大型机器人的运用，也提高了物流中心的效率和速度。2012年，亚马逊收购了掌握最先进机器人技术的KIVA公司。在巨大的物流中心内，KIVA公司制造的仓储机器人能够在各货架间自由移动，自动拣选顾客下单的商品。2015年2月，我去洛杉矶的第7代物流中心参观时便听说第8代物流中心已经在使用KIVA（如图4-6）了。同年6月，我去位于美国路易维尔的物流中心访问时，被告知第9代已经完成了。由此可见，亚马逊未来的自动化程度将会不断提高。

不仅在美国，日本的亚马逊也是一样。亚马逊公司以提高顾客便利性为目标，不断地挑战各种新服务。未来，亚马逊也一定能创造出更多让人叹为观止的新举措，让我们拭目以待。

5 互联网搜索引擎巨头谷歌也重视购物

谷歌已坐稳搜索引擎方面的头把交椅，但在网购销售方面，谷歌是落在巨头业马逊之后的。2010 年占有 71% 网购检索量的谷歌，1 年后锐减到了 17%，而亚马逊的检索量却在激增。这样下去的话，可能会给谷歌商业模式中的广告收入带来影响，因此，谷歌重新设定了搜索结果的显示方法，将其调整为便宜于网购的显示方式。

此外，谷歌还开始了"Google Shopping Express"（现在的"Google Express"），即日配送业务，旨在全面抗衡亚马逊。

该项服务中，顾客只需每月支付 10 美元，或是每年支付 95 美元就可以成为会员，且每次购买 15 美元以上的商品就能够享受免费配送服务。配送时间可以在下单的时候选定，选项分别有星期几，上午 9 点~下午 1 点，下午 1 点~5 点以及下午 6 点~10 点。提供的商品中既有 Whole Foods Market 的有机食品，也有会员制仓储量贩店的好市多（Costco）、打折百货连锁店的塔基特、药品连锁店的沃尔格林、玩具专营店的玩具反斗城（Toys "R" Us）等大型连锁店中不会腐烂的商品，约有 50 万种。

类似的即日配送业务还有亚马逊的"Amazon Fresh"。相对于亚马逊配送自家及合作零售店铺的商品，"Google Express"选择奔走于当地各合作零售店铺挑选下单商品，配送给顾客。支付和配送业务由谷歌负责，在实际的选购商品方面，通过到合作零售店铺实际挑选、配送的方式，实现当日配送。

　　接到订单后，与谷歌签约的配送员就会到当地店铺挑选商品，然后驾驶着印有"Google Express"标志的专用配送车，将商品送到顾客手中。现在此项服务已经在旧金山、硅谷、洛杉矶（西部）、纽约的曼哈顿、芝加哥、波士顿、华盛顿这7个城市与地区开展。提供商品的店铺都是在谷歌经营的假想店铺街开店的当地超市或零售店等，根据区域的不同，合作的店铺也会有所变化。

　　谷歌通过与零售业合作，省去了自身持有库存功能的麻烦。由于不需要构建新的大型物流中心，所以谷歌即使没有亚马逊那样的大规模投资也能开展网购业务。

　　通过这样一系列的业务合作，谷歌既能够从抗衡亚马逊的实体店中获得口碑，也能够提高消费者购物时在本网站的检索量。

6 梅西百货、西尔斯在全渠道中的成功案例

（1）梅西百货（Macy's）

被誉为全渠道先驱的美国百年老店梅西百货整合全美线上与线下约 840 家店铺资源，推行全渠道战略。2014 年全美总销售额是 281 亿美元，其中，网上销售额超过 54 亿美元。

2010 年，梅西百货意识到店铺物流中心化的重要性，着手尝试与后面将要提到的 Deliv 公司合作，开展 "Ship From Store" 业务，即店铺同时兼顾仓库的功能，线上销售的商品可以直接利用店铺库存，送到消费者手中。库存信息也会向顾客开放，顾客可以通过网络查询每家店铺的实时库存情况。据了解已经有 675 家店铺提供线上商品店铺取货服务，且线上下单的顾客，4 人中就会有 1 人选择去实体店铺取货。将店铺作为发货据点，也便于开展网上订单的即日送达服务。

最近，梅西百货在服装卖场的试衣间放置了电子看板。电子看板既可以作为信息终端使用，也可以用来下单、检索商品以及购物时呼叫店员。此外，梅西百货还向店内的专用 App 客

户提供发送优惠券以及店内折扣信息的"ShopBeacon"服务等，在O2O方面也积极开始各种尝试。梅西百货通过各种各样的尝试抓住了客户的心，据说72%的线上客户都会光顾实体店。

在公司的结构上，直到最近才实现了线下与线上的完全分离。2015年1月，公司重新改组，将实体店和EC中都各自设立的采购部门和市场部门进行了统合。同时，关闭亏损店铺，提高了收益。

为了实际体验梅西百货的店铺取货服务，2015年，我在带领一些客户参观考察美国多家企业的时候，特意将网上下单商品的取货形式指定为店铺取货。

收到商品的到货信息后，我去了指定的取货店铺。但是，根本没有找到核心的取货柜台。试着向店员打听，也没有人清楚。梅西百货被誉为全渠道的先驱，也许不同的店铺会有不同的情况吧，总之我当时觉得，全渠道的理念并没有怎么渗透进那家店铺。最终，我足足等了20分钟才收到了商品。我认为对于已经开展全渠道的店铺来说，这样的店内接待还是很不足的。

线上与线下相融合的新模式才刚刚开始不久，在如何开展店铺工作上还存在着很多问题，需要经营者们不断去改善。

（2）西尔斯（Sears）

西尔斯创始于 1888 年，是一家专门从事邮购业务的公司。它采用向客户邮寄商品目录，接受订单的直接销售方式，被誉为目录销售的先驱。1925 年以后，西尔斯陆续在城市郊外开设配备大型停车场的 GMS 业态（General Merchandise Store，与日本综合超市不同，属于没有食品卖场的大规模量贩店）的百货商店。第二次世界大战后，西尔斯作为主要的购物中心开始逐步在全美扩展店铺网。

直至 20 世纪 80 年代初期，西尔斯一直位居美国零售业销售额排行榜的第一名，但是后来却被折扣零售商凯马特

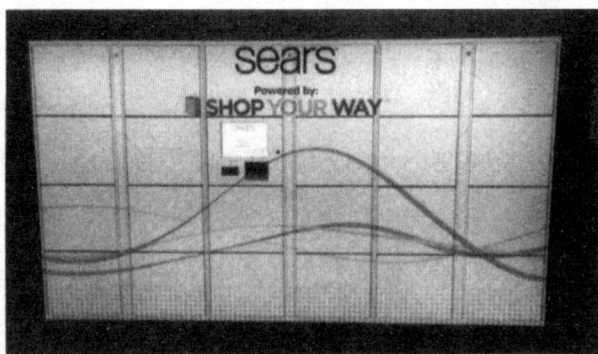

图 4-7　西尔斯店内取货专用储物柜

（Kmart），以及后期逐渐抬头的沃尔玛超越，让出了第一的宝座。然而，即便如此，西尔斯也依然是在全美拥有1277家店铺（2013年）的大型连锁店。

西尔斯公司内部也在积极开展线上与线下相融合的商业模式。

比如，设置了店铺取货专用储物柜（如图4-7所示）。此外，还设置了无须店内工作人员帮助，可以自助下单的KIOSK终端机，并向顾客提供网上预约试穿服务。

另外，西尔斯还开展了网上下单的商品可以在店铺旁边的专用停车场取货的"车载取货"业务。这项服务比较特别的地方在"如果店铺在5分钟之内不能将商品送到顾客手中的话，会赠送顾客5美元的优惠券"这一点。这个专用停车场会显示每次顾客收到商品所需的时间，当然，每一次都在"5分钟以内"。可以想象店铺的工作人员在配货的过程中是怎样的争分夺秒。

西尔斯顺应市场形式变化，不断调整营销策略。现在，西尔斯的网络销售额已经超过梅西百货，达到57亿美元（2014年），在网络销售排行榜中位居第五名。

（3）星巴克（Starbucks）

2014 年 11 月，美国的星巴克公司宣布，将于 2015 年开始提供餐饮外卖服务。消费者只需通过智能手机 App 订购饮品和食品，就可以享受到星巴克提供的无须店铺支付、立刻送货到门的移动下单及支付服务，也就是将商品送到办公室或家中的外卖服务。

可以说，就连星巴克这种极具品牌力量的企业都感觉到了

图 4-8　美国的星巴克不仅有咖啡，还积极尝试提供一些新的服务，例如在一些店铺中提供西餐菜单等

由智能手机及平板电脑等移动终端带来的、能够时时刻刻轻松下单的"按需外卖（Demand Delivery）"服务的威胁。

通过智能手机和平板电脑等终端，任何人在任何时候都能够在线上选购咖啡。因此在全渠道时代，星巴克的敌人不是咖啡店，而是提供宅配服务的企业。

2014年11月星巴克的移动下单及支付业务在纽约和西雅图两个城市试水。其中，纽约采用的是"委托外部配送"（后面将要提到的Postmates）与"自公司配送"相结合的方式，而西雅图采用的是"自公司配送"形式。外部配送和自公司工作人员配送，到底哪种配送方式更有效率，哪种更适合自家公司的咖啡业务，是否要同时保留两种配送形式？据说2015年后期星巴克将扩大业务开展区域，这些问题要根据今后的实际状况再做决定。

（4）吉他中心（Guitar Center）

吉他中心于1959年由韦恩·米切尔创建，前身是"风琴中心（Organ Center）"，销售电子风琴。随着商品范围的逐渐扩大，吉他中心现在已经成为拥有260多家店铺的世界最大的乐器销售连锁店。

吉他中心实现了全店价格统一及库存的一元管理（店铺、仓库），早在2011年就构建了具备开展全渠道各项必要条件的体系。其实，吉他中心原本就是以商品比其他竞争对手"压倒性的便宜"为优势开展业务的。因此在价格方面，吉他中心完全不需要在意其他公司的价格。而且，从一开始各家店铺之间就几乎不存在价格差，所以在全店统一价格上，吉他中心并没有什么犹豫的理由。

现在，吉他中心的线上战略主要有两大支柱。

其一，是微型网站（Microsite）。也就是店长通过在网上开博客（Blog），与顾客（粉丝）互动，加深交流的形式。店长自

图4-9 种类齐全的吉他中心实体店

不必说，所有的店员都是音乐爱好者，都能够演奏乐器。对于刚入门的顾客来说，店铺的全部都是值得尊重的对象。

其二，是全渠道。为了满足顾客需求，店铺通过商品预存＆店内取货，从店铺库存直接发货，通过物流中心发货等多种方式，选择离顾客较近的库存（比如，店内库存、物流中心库存、预存商品库存、运送中的库存等，要根据具体情况选择不同的库存），以方便顾客可以在任何合适的时间取货。吉他中心即使在先驱国美国，也属于全渠道开展较早的企业，经常作为先进案例被提及。

据吉他中心的CTO（首席技术官）介绍，构建这样的系统花费了3年的时间。因为全渠道是供应链，所以其负责人就是供应链管理经理。而且，由于全公司的商业模式以及日常工作都需要重新建立，所以在系统的开发上，需要花费相当多的资金、时间和精力。

（5）沃尔格林（Walgreens）

沃尔格林是美国最大的药品连锁店，创建于1901年，其2014年的销售额达到了764亿美元（比2013年增加了5.8%），且店铺数量增加到了8232家（2015年2月）。2012年6月，沃尔格林收购了英国医药分销巨头联合博姿（Alliance Boots）集团45%的股份，并于2013年与医药批发商美源伯根（AmerisourceBergen）展开合作，使整个集团扩大到拥有11000家店铺、398处配送中心的规模，形成了巨大的商业网。同时，集团也实现了实时库存管理，其中包括实时显示商品的陈列地点，有超过8000家店铺可以准确地显示商品的当前位置并用大头针标注。

沃尔格林正式开展智能手机服务业务是在2010年左右。2008年企业高层开始启动数字化经营战略，于2011年收购了主要销售日用品及化妆品的美国第一大医药电商网站drugstore.com，加速了智能手机业务的发展。

沃尔格林移动App的特点是拥有一些诸如"Refill by Scan""Print Photos"等非常有特色的功能。"Refill by Scan"是指只要扫描处方笺上印着的条形码，就能很容易地在店铺内取得处方药的功能。"Print Photos"是指只要在App上选择想要打印的照片，就可以在附近的店铺进行打印的功能。

这两项功能都可以来店之前在手机App上操作，因此这其中也有商家希望顺利开展店铺取货业务的用意。这样的服务对于消费者来说，能够消除等待的时间轻松购物，对于商家而言，可以节省店员人工费，无论对哪一方都是有好处的。

7 美国的配送第一线

现在，美国的关键词是"共享经济（Sharing Economy）"和"按需服务（On Demand）"。

"共享经济"是近年来兴起的以欧美为中心逐渐扩展到其他国家和地区的新概念。社交传媒的发展使物品、金钱、服务等的交换和共享成为可能，这种经济结构就是"共享经济"。另一方面，按需配送指的是只在需要的时候提供的必要配送服务。通过这两个关键词，我们看到了新型宅配、配送服务的可能性。美国的全渠道进程也因为有了共享经济的新模式而实现了大幅度飞跃。

（1）优步（Uber）

优步自创立以来，已经在全球 58 个国家的 300 多个城市（2015 年 3 月）开展业务，主要在智能手机的 App 平台上为想在空闲时间利用自家车做兼职的司机和需要乘车出行的人提供中介服务，使双方能够按需自由组合。优步是一家于 2009 年 3

月在美国的加利福尼亚州旧金山起步的创业公司，以"旧金山的街道上很难打到车"为契机，诞生了这家为高级车经营业主提供空闲时间活用服务的 App 制作公司。

以前的出租车行业一般都是利用无线设备，将所有的信息汇总到公司，进行一元管理。但是，优步在网上为顾客和司机提供了一个能够直接接触对方的平台。优步用户不仅可以通过智能手机 App 轻松指定乘车位置，还能掌握车辆到达所需要的时间，打车费用也比一般的出租车便宜。并且，由于可以通过手机中的银行卡直接支付，所以出行时完全不需要带现金，费用的明细单也会以邮件的方式发送给用户。乘车以后，用户还可以在 App 上对司机进行评价，与其他用户共享信息。

图 4-10　优步的 App 画面

我在美国的西雅图、旧金山、芝加哥和新加坡都使用过这项服务，不需要现金支付，事先就可以知道对方的名字，既安全又方便。2015 年，我在组织旅行团考察访问美国期间，也让大家体验了这款 App，由于不需要讲英语，所以即使我不在大家也可以使用，既安全又简单。

由于对这种商业模式的无限可能性充满信心，以高盛（Goldman Sachs）、谷歌风投（Google Ventures）为代表的投资银行、风险投资基金（Venture Capital），以及亚马逊创始人杰夫·贝佐斯都对出资优步表示了相当的兴趣。据说印度最大的财团塔塔集团和中国的百度也决定投资。自 2009 年创业以来，优步已经融资 69 亿美元，股票市价总值达到 500 亿美元（2015年 7 月末）。

依照日本国土交通省（译者注：日本的中央行政机构，主要管理国土、交通、住宅等）的相关规定，只有部分指定的出租车公司可以提供优步服务。2014 年 7 月，使用优步 App 一键呼叫冰激凌的"优步冰激凌（Uber Ice Cream）"活动在日本开幕，引发了全国狂欢。2015 年，这项活动已经开展至第 4 年，在全球 254 个城市接力推出。

据美国的一项调查显示，优步司机每小时的收入是 19.04 美元，一般的出租车司机是 12.90 美元，所以有些出租车司机愿意跳槽到优步做司机。

优步不仅提供载人服务，还积极开展日用品的配送服务。2014 年末，在华盛顿 DC（美国首都华盛顿哥伦比亚特区）针对一部分日用品试运行了"10 分钟送货到家"服务（Uber

Essentials），在这个过程中也开展了一段时间的食品配送业务，不过现在这种试水工作已经中止了。但是，UberRUSH 等配送服务已经在全球展开，不仅可以提供 A 地点 ⇒ B 地点的配送，还在 2015 年推出了能够多地点配送的 App 平台。

今后，优步一定能够开展更多元化的配送服务。

（2）Instacart

近年来，众包型购物代行服务也备受关注。Instacart 公司作为一家购物代行的新兴企业，从创业的 2012 年到 2014 年已经成功融资 2.7 亿美元，是一家很有发展潜力的公司。

Instacart 购物代行服务的商业模式是，接到网上的订单后，与 Instacart 签约的配送员就会驾驶自己的汽车去合作店铺购买商品，然后送到客户手中。客户一下单，代行者的手机上就会接到订单内容，然后去 Whole Foods Market 或好市多这类美国人经常去的超市购买商品，并用专用的购物包送货。

有的地方还设置了 Instacart 专用收银台。并且，为了提高购物代行效率，根据工作内容将代行者分为了店内购物组和客户送货组。配送用的汽车和自行车一般都由个人提供，因此很多人都会选择省油的日本车。

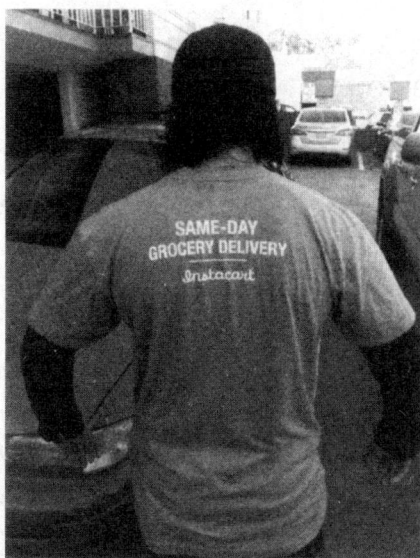

图 4-11　在提供购物代行服务的 Instacart 中，签约的配送员能够替客户出行购物并负责配送

据说，设置专用收银台的 Whole Foods Market 营业额中有 5% 都来自像 Instacart 这样的线上购物代行公司。

Instacart 规定的最低消费金额是 10 美元。配送费也会根据条件的不同而不同。一般来说，购入金额在 35 美元以上，1 小时内送货上门的配送费需要 5.99 美元，2 小时内的需要 3.99 美元。不满 35 美元，1 小时内配送的需要 9.99 美元，2 小时内配送的需要 7.99 美元。如果是 Instacart Express 会员，那么商品金额达到 35 美元以上，就可以享受 2 小时内免费配送。

（3）Curbside

Curbside 创建于 2013 年，是一家以旧金山为据点的高速成长的企业。Curbside 虽然还很年轻，但是已经成功融资了 3450 万美元（2015 年 6 月）。

利用 Curbside 的手机 App "Curbside"，可以在附近的店铺购买商品。顾客在选择店铺，下单所需商品后的 1 个小时内就能够取货。

商品准备好之后，顾客的智能手机 App 上就会收到通知。此时，顾客可以选择在手机 App 上完成支付。Curbside 的工作人员准备好客户的订单商品后，开车来的客户可以在店铺前面的 Curbside 指定提货点取货（Curbside pickup）。有些商家也会在店内设置专属空间供用户取货（In-store pickup）。原则上，顾客可以在备货完成（标准是下单后的 40 分钟内）后的 48 小时内取货。

Curbside 的 App 能够免费使用，而且购买商品时也不需要任何手续费。目前，Curbside 已经可以在旧金山湾区（San Francisco Bay Area）、新泽西州、纽约等地的塔基特、西尔斯、梅西百货、百思买等 40 家店铺使用。

（4）Peapod

Peapod 是一家销售额达到 6.5 亿美元的生鲜 & 日配食品线上销售的领头企业。它成立于 1989 年，最早接收的是网站（www.peapod.com）订单，随后战略性地开展了"clicks & bricks（即网上销售与店铺销售结合产生相乘效果）"服务。Peapod 与食品超市合作，无论什么规模的超市，都可以线上下单。在物流方面，如果是大型超市，Peapod 就开设自己的物流中心配送，如果是中小规模超市，就利用合作超市的物流中心配送。

2010 年 Peapod 率先开始提供智能手机和平板电脑专用 App。现在，其总营业额的 40% 来自移动端，而移动端营业额的 70% 都是 App 用户贡献的。

用户取货的时候，既可以选择配送服务（Order for Delivery），也可以选择在自提点取货（Order for Pickup）。自提点取货的时候需要先在地图上指定自提地点，然后再选择取货时间。自提点取货的配送费是 2.95 美元，配送服务中根据购物金额的不同，配送费会在 6.95~9.95 美元之间浮动，如果不着急配送或是选择闲暇时间段配送的话，配送费会便宜 2~5 美元。

我在美国考察期间也想体验一下 Peapod 服务，于是在下单订购商品后选择了配送服务。

终于，在收货当日我收到了来自 Peapod 的信息。

"您的包裹马上送达。"

"已经到达！"

正当我沉浸在接二连三的配送短信提醒中时，门外传来了敲门声。我一开门，看到了一辆绿色的专用 Peapod 货车，一位笑容亲切的配送员就站在我面前。

Peapod 曾经的竞争对手 Webvan 破产了，但是 Peapod 的营业额却在稳步攀升。根据我收货当日看到的周转箱和货车后面的车厢判断，传说中每个中心的投资金额都在 20 亿日元的物流中心还是具有相当水准的，而且生产率也很高。

（5）Deliv 和 Postmates

Deliv 和 Postmates 同是 2012 年备受关注的创业企业。

Deliv 是一家融资 12.4 万美元（2014 年 2 月）的，为客户提供"店铺配送"服务的代行公司。其与大型购物中心以及梅西百货等百货商店合作，全面开展了具有全渠道性质的"Ship From Store（店铺配送）"业务。

Postmates 是一家股票市价总值在 2015 年 6 月达到 2 亿美

元、累计融资 1.38 亿美元的，支付 5 ~ 20 美元配送手续费就能够为顾客提供 1 小时以内配送服务的企业。前面提到的星巴克的试水外卖服务就是 Postmates 在提供。而且，芝士蛋糕工厂（The Cheesecake Factory）、Chipotle Mexican Grill、麦当劳、汉堡王（Burger King）、赛百味（Subway）、塔克钟（Taco Bell）等食物外卖中有 80% 也是 Postmates 服务的对象。同时，沃尔格林、Jewel-Osco 等药品连锁店、食品超市以及 "Postmates General Store" 的商品也是 Postmates 开展业务的范围。

9% 的服务费和约 20% 的配送手续费由顾客承担，如果配送频率高的话，Postmates 还会向店铺额外收取 15% 的费用。此外，遇到节日等订单高峰期时，配送手续费也会提高到原来的 1.25 倍。Postmates 现在拥有 1300 名配送员工，据说年营业额超过了 1 亿美元。就像股票市价总值表现出来的那样，就像星巴克所期待的那样，未来的 Postmates 将会有更长远的发展。

* * *

"共享经济"，"按需服务"，以及片刻不离身的智能手机 App，这三者的组合使我们看到了新的宅配服务形式，正以"最后一英里"的新旗手姿态登上历史舞台。

那么，消费者、生活者以及宅配服务的用户，对这些"最后一英里"的新旗手感觉如何呢？是非常满意，感到不安还是不满意呢？

"随时随地尽享购物"的全渠道时代，仅仅依靠更快更便利的单纯模式和体系是无法使顾客满意的。那么，通过与顾客进行全方位接触能否超越客户的期待呢？"最后一英里"就是能够改变与顾客之间关系（或正面或负面）的最后的接触点。

第五章

日本全渠道的未来

1　需要事先了解的日本物流情况

全渠道战略归根结底是供应链战略，因此我认为有必要先介绍一下日本的物流状况。特别是，近年来日本物流业也和美国一样，发生了配送运费涨价等问题，希望大家能够先了解一下。

（1）运费涨价（司机不足）

据说，日本零售市场总额约为 141 兆日元（经济产业省《平成二十六年商业动态统计年报》），且最近几年的年增长率约为 1%。其中，零售部分中电商的增长率在两位数以上（2014 年与 2013 年增加了 13.5%），EC 化率（零售业和服务业中电商交易额的比例）也在逐年上升（2014 年是 4.37%，经济产业省《平成二十六年关于电子商务的市场调查》）。在这样的高速增长背后，"翌日配送""日期指定的再配送"这样的宅配便业务起到了很大作用。宅配便业务的配送商品个数，1989 年（平成元年）约为 10 亿个，1998 年约为 18 亿个，2000 年约为 26 亿个，而 2013 年超过了 36 亿个（据日本国土交通省调查）。

（百万个）

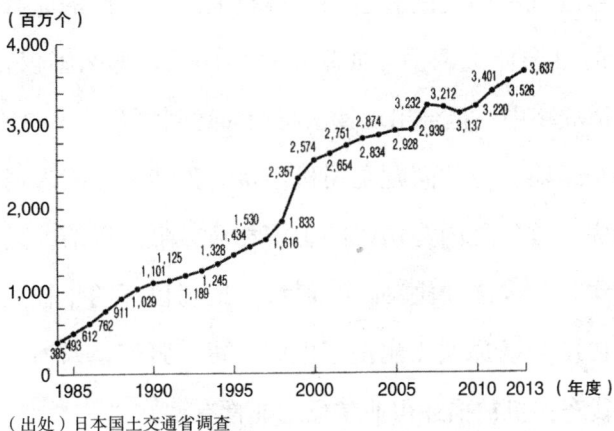

（出处）日本国土交通省调查

图5-1　宅配便处理订单个数的趋势

　　没有宅配便就没有电子商务等邮购模式。有些邮购公司的人在谈论某家宅配便公司的时候，会比较傲气地认为自己是照顾对方才将业务转包给他们的，我并不赞成这种想法。我觉得应该更感谢对方才对。零售连锁店也是如此。2014年日本消费税上涨，在那之前，消费者大量囤货，零售业销售量陡增，导致货车数量不足，有的企业不得不将原来应该用大型货车运输的商品，改为用轻便的小型车辆运送。为避免此类情况再次发生，平日里就应该对运输行业充满敬意，建立良好的关系。要明白，宅配公司不是"下层转包商"，而是商业合作伙伴。

要理解现在的宅配和包租车等行业运费上涨的原因，在需要配合的时候伸出援手。如果不这样的话，那么不仅是电商，在全渠道战略中，也会出现无法将商品送到顾客手中的现象。

整个运输行业的问题是司机不足。为什么会陷入司机不足的困境呢？首先是因为司机的工资相对较低。以前，只要司机努力工作就可以拿到比较高的薪水。20 岁以下的年轻人可能不知道，1970 年菅原文太出演了电影《货车野郎》系列，在这部电影里货车司机被描述得非常酷，非常有型。

但是，由于货主提出的降价要求，司机的薪水也随之降低。以前，长时间工作还能换来较高的收入，但是由于运输制度强化，货车司机不能像以前那样长时间驾驶，工资就更少了。工作条件变差，想成为货车司机的年轻人自然就会减少。2007 年日本颁布的中型货车驾驶执照管理办法进一步规定，未满 20 周岁不能考取中型货车执照，所以高中应届毕业生很难作为货车司机被运输公司录用。这直接导致了年轻的货车司机骤减，虽然老货车司机们仍坚持在第一线，但是随着老龄化进程的加快，老司机们将会逐渐离开运输岗位，货车司机的总量会越来越少。尤其是远距离运输的货车司机更是严重不足。

2015 年 6 月日本改正法案通过，预计 2017 年春季开始，准中型货车驾驶执照管理办法将会正式实施。虽然该办法规定年满 18 周岁即有资格考取中型货车的驾驶执照，但要填补过去十年的空白还是需要花费一定时间的。

现在，以需要长距离运输的主干线运输为代表，包括宅配公司在内的运输行业都要涨价，我想这就是最大的原因吧。

（2）宅配运费的上涨（高峰时数量的大幅度增加）

司机不足是运输行业存在的问题，但是还有一个更让人头痛的事情，那就是运输的商品数量在大幅度增加。2013 年，美国 UPS 快递公司中有 17% 的商品没有在圣诞节当日送到客户手中。这是因为各商家为了争夺营业额，将网上下单的时间期限放宽到临近圣诞夜，以致前天、大前天的商品数量远远多于以往，大大超出了司机、分拣人员以及货车、分拣机器的能力范围。这样的事情在日本也发生过。如果赶上正月、母亲节或者岁暮的话，会有很多人一起下单，那么本该第二日送达的商品就自然会超出配送的能力范围。

为了解决这一问题，运输公司需要增加人手和提高设备性能。这就是佐川急便、大和运输决心要提高宅配运费的原因。

2012 年，佐川急便下决心涨价。第二年针对 B2C 实施涨价。理由有两个：一是因为应对商品运输高峰期，需要花费很多资金；二是因为在针对个人的宅配中，存在再配送问题，成本偏高。后来，佐川急便于 2013 年中止了亚马逊的宅配业务。这在当时是一个令人震惊的新闻，说明随着电商的发展，物流行业面临的"成本高，单价低"的现象已经相当严峻了。而实际上，佐川急便在中止与亚马逊关东地区业务的 2013 年上半年，平均单价比去年同期增加了 22 日元，为 481 日元。

第二年的 2014 年 1 月开始，宅配便行业中规模最大的大和运输公司开始进行全国运费统一涨价。特别是"设备容量有限，对品质要求高"的冷藏保鲜货品更是大幅度涨价，有的甚至比原来提高了 50% 或 60%。

以前，提到宅配便公司，主要就是大和运输、佐川急便、日本通运、JP（日本邮政）中的日本邮便这四家公司。

2010 年 7 月，由于日本通运的"鹈鹕便"和日本邮便的"邮政小包"服务合并，宅配行业迎来三强时代。其后，由于两者合并后出现混乱，形成了大和运输和佐川急便的双强局面。但是，不久后，由于佐川急便中止了与电商巨头亚马逊的合约（2013 年），宅配行业进入了大和运输独霸的时代。

大和运输在这种情况下涨价，很多电商商家都不得不妥协。但是由于涨价过于急迫，曾经的一些大和运输的忠实客户选择弃它而去，这一点我觉得非常遗憾。我个人认为，大和运输不

应该如此突然地实施这种引发反弹的涨价政策，而应该在 3~5
年间，慢慢地涨价。并且，当关税表（基体使用费表）统一涨
价的时候，应该首先给企业时间，让企业充分地向客户说明后，
再一点点地把运费转嫁到顾客身上。

（3）宅配中的稳定供给及稳定价格问题

物流是保证社会正常运行的基础条件之一。运输成本的上
升会对商家选择是将工厂置于国内还是国外产生直接影响。另
外，对商品的销售价格也有很大的影响，对于消费者而言，物
流成本的上涨会导致商品价格的上升。宅配便及主干线运费成
本的增加，已经成为日本社会的问题。

此外，由于出现了商品需要运输的时候找不到货车司机，
无法配送的现象，所以，"稳定供给"问题也迫切地需要解决。

为解决这一问题，2014 年 3 月，日本成立了以"协调各宅
配公司负责人，实现'安定供给、安定价格'"为目标的"宅配
研究会"（角井亮一任代表干事）。该团体的宅配数量超过 1.37
亿个〔邮政小包的宅配数量一年约为 4.85 亿个（2014 年度业
绩）〕，是一个具有相当影响力的研究会。

该研究会致力于共同解决宅配过程中出现的各种问题，并

于 2015 年 4 月，作为研究会成立后的第一号大规模项目，成立了 Uketoru 公司，这是一家开发生活 App 的公司。今后，根据每项计划的不同，会成立不同的公司，打造不同的事业。我期待该研究会今后能够为"稳定供给、稳定价格"目标的实现做出贡献。

（4）再配送问题

"再配送"问题也是宅配行业的难题。随着网购人数的增加，由于收货人不在家而产生的"再配送"现象也随之增多。

再配送的时候，一旦将商品带回配送中心，那么直到下次再配送之前，都需要宅配公司代为保管。其实，在客人主动联络之前，宅配公司本来是不需要进行再配送的。但实际上，并不是所有的客户都会在接到宅配公司人员留下的通知单据后联络宅配公司的。因此，为了能够早些完成配送，尤其是冷藏货品等的配送，配送人员一般会根据自己的判断，再配送两三次。而且，即使客户已经联络再配送，有时也会发生配送路线变更（收货地点改变）及重新指定配送时间等问题。

当然，由于这些而产生的配送司机负担增加、成本提高等问题不能转嫁到网络邮购公司及消费者身上，运送公司不得不承担这一现状。

根据国土交通省的调查，再配送的比率约为2成，而需要3次以上再配送的占全体配送商品的1%。也就是说，100件配送商品中就有1件需要反复配送3次以上。

为了探索解决方法，2015年6月，召开了宅配公司、邮购公司、便利店、储物柜公司、业界团体联名的"削减宅配再配送成本的提货方法多样化促进研讨会"。

该研讨会的目标是，为消费者提供诸如便利店取货，专用储物柜取货等多种收货方法，提高配送效率，解决配送司机不足问题。其实我觉得，具有竞争关系的各企业要想提出实质性

表5-1　发生再配送的情况

	总个数（个）	1次配送完成（配完率）	再配送的1次配送完成（配完率）	再配送的2次配送完成（配完率）	再配送的3次配送完成（配完率）
都市单身	1777732	1394407（78.4%）	305390（17.2%）	56218（3.2%）	18785（1.1%）
都市郊外的独门独户	2035861	1661388（81.6%）	310643（15.3%）	45431（2.2%）	15322（0.8%）
城市以外各县等	323294	272293（84.2%）	34496（10.7%）	5353（1.7%）	2025（0.6%）
全地域合计	4136887★	3328088（80.4%）	650529（15.7%）	106911（2.6%）	36132（0.9%）

★全宅配便处理个数（平成二十五年：36.4亿个）的1%
（注）平成二十六年12月，根据3家宅配公司提供的数据的抽样调查
（出处）国土交通省《关于面向宅配再配送削减问题讨论的推进方法》

的提案，还是要靠作为第三方的领导者的智慧。

（5）物流对网络和实体竞争关系的影响

随着宅配便行业的变化，网络邮购和实体店之间的竞争关系也发生了新的变化。

由于网店具备网络购物系统带来的店铺运营效率化，无中间商带来的经费削减，宅配行业内部竞争带来的运费低等优势，所以网店与实体店相比，价格比较便宜。由此，"网络贩卖优位"时代，即网络销售占主导的时代持续了很长一段时间。

但是，由于与构成网络销售基础的宅配行业的关系发生了变化，电商运营商不得不接受运费上涨等要求。此时，如果电商运营商不改变价格，那么将会使自己的利益受到影响，而如果为了确保自身利益进行价格调整（实质涨价）的话，那么相对于实体店的价格优势就会降低。也就是说，无论选择哪条道路前景都是不乐观的。

电商之间的内部竞争也日趋激烈。为了能使自身在繁杂多样的网店中屹立不倒，得到消费者的长期惠顾，商家们纷纷尝试了各种各样的方法。比如，采取积极的促销措施，运用广告宣传等方式吸引顾客，通过电子杂志、智能手机专用 App、SNS 等方式建立与顾客之间的联系，提高物流质量（物流的效率化，配送速度的提升等），在网上提供多店铺多种购物入口，等等。当然，解决再配送问题，不能单靠配送公司。

这种"随时随地（包含商品的收货地点）畅享购物"的全渠道趋势，预示着"只要把商品送到配送人员手中，网店的销售工作就结束了（实质的商品交付责任人是配送人员）"的"网络贩卖优位"时代即将终结。现在，电商运营商最应该思考的问题，是怎样构建一个能使消费者便捷购物、取货，并产生再次购买欲望的销售模式。

比如，电商利用宅配便业务把商品送到客户手中的时候，物流作为与顾客的"最终接触点"（也经常称之为"最后一公里"），应该充分发挥自身的营销功能，不要仅仅局限于把商品送到客户手中。怎样缩短从接单到送货的时间，哪些服务能够促进销售，物流人员要直接听取消费者的意见，并将结果反馈给公司。我认为，如果物流行业能构建这样的体系，那么就一定能牢牢抓住客户的心。

（6）邮购优位时代

与此同时，重新被发现价值的还有实体店。

作为能够"削减再配送成本，提高顾客便利性"的网络销售收货地点，顾客生活中随处可见的店铺和公共场所（车站、邮局等）开始受到关注。选择店铺作为取货地点的消费者经常会顺便在店铺消费（一种说法是，6成的取货人会直接购买其他商品），这对于提升店铺的销售额很有帮助。店铺作为客户接收商品的"最终接触点"，无论是直接接触，还是间接接触，商家能够接近客户到何种程度，这是全渠道时代非常需要重视的一点。

比如，亚马逊公司与LAWSON和FamilyMart等便利店合作，指定各合作店铺为商品的取货地点。亚马逊在日本拥有2.8万个指定取货店铺，仅仅在这一点上，亚马逊就已经超越了为了全面开展全渠道战略，在全日本设立了大约1.8万个店铺取货据点的Seven & i。此外，亚马逊还与大和运输公司合作，利用其旗下约3000个集中配送中心，提供当日取货服务。

另一方面，实体店也积极配合开展店铺取货业务，通过与电商合作来实质性地增加自己店铺的商品数量。

LAWSON 通过与亚马逊的合作，开始在店铺内放置名为 "Loppi" 的多功能媒体终端机。消费者可以通过 "Loppi" 购买亚马逊的商品，这一举措相当于将 LAWSON 的商品从 3000 种提升到了数千万种。

世界最大的零售商沃尔玛公司基于这种想法，认为本公司的 15 万 SKU（库存进出计量的最小管理单位）不能充分满足顾客的需求，于是开放其旗下网店 "Walmart.com"，向个人或其他零售商提供商品销售平台并正以达到 1000 万种商品为目标增加商品种类。与此同时，沃尔玛还充分利用其拥有的 4000 家实体店铺形成的配送网，将沃尔玛网店下单的商品分拣地点设在与收货地点最近的店铺，以便消费者可以去店铺取货。此外，沃尔玛也开始全面尝试利用店铺资源来提升配送速度。

（7）店铺的新功能

随着零售业与物流行业合作的增多，实体店也开始发挥越来越大的作用。具体内容将在后面详述，下面简单介绍一下 "SG-LAWSON"。LAWSON 与旗下拥有佐川急便快递公司的日本 SG 控股集团共同出资，成立了 "SG-LAWSON" 新公司。"SG-LAWSON" 公司将店内仓库的一部分改为送货仓库，使店铺能够 24 小时为客户提供再配送店内取货业务。并且，宅配便的配送人员在配送商品的时候，还会同时向消费者介绍 LAWSON 的商品及服务，询问是否还有其他需要。

现在，东京世田谷区内的一部分店铺已经开始了这项业务。据说，很多消费者会选择在车站附近等这种生活中常去的场所取"再配送商品"。并且，配送人员在配送商品的同时会咨询客户的其他需求，而这一部分带来的每日销售额也能达到 3 万日元。

但需要注意的是，无论是将店铺作为取货的新窗口，还是网络邮购带来的店铺存货量的增加，抑或是物流与店铺的协作发展，都会给店铺带来或多或少的负担。如果无法统一标准、统一流程，无法对全渠道战略有共同理解的话，势必会造成场面混乱，降低消费者的满意度。店铺的新功能虽然增加了商家与客户的接触点，使商家能够进一步接触消费者，但如果不能妥善处理其中环节的话，这种接触点的增加反而会拉远与消费者的距离。

（8）如何设定"最后一英里"

在构建全渠道战略中，如何设定"最后一英里"是非常重要的。因此，今后的零售连锁店不仅要继续沿用现今已存的物流中心至店铺配送的形式，还要积极制定新的配送机制。比如像美国一样开设新的网络邮购专用的物流中心，开展店铺取货业务，采取从零售店铺直接配货的形式，等等。为了实现这种灵活的配送方式，需要借助擅长网络邮购物流的 3PL（third-part logistics，第三方物流）的力量。

全渠道战略中的"最后一英里"有两种类型。一种是让顾客到交货地点取货的"取货型"，一种是将商品送到顾客指定地点的"外送型"。

"取货型" 有以下几种形式：

● 店铺取货柜台（店铺取货）

● 取货专门网点

● 取货专用储物柜（设置在店内、便利店、车站等比较便利的地方）

……

"外送型" 有以下几种形式：

● 代买（众包型 =Instacart 公司、委托型 =Google Express），自公司配送（亚马逊、沃尔玛、Peapod、西夫韦、史泰博、

Fresh Dilex 等）

　● 专业宅配公司配送（日本国内：大和运输、佐川急便、日本邮便；美国：UPS、联邦快递 FedEx、美国邮局 USPS 等）

　……

　　"取货型"需要客户到指定的地点取货，因此配送人员一定要在客户指定的时间内将商品送到指定地点，这就需要构建更多样性的供货渠道，每次选择最合适的供给方法，尽量用最少的成本，在最短的时间内将商品送到指定地点，比如可以根据具体情况选择从物流中心配货，从附近的店铺调货，或是从店铺库存中提货，等等。能否让客户感到便利，能否比客户预想的速度还快，这些都会直接影响到客户对自己的满意度。

　　"外送型"的优点是收货时间短。虽然配送费有些贵，但可以满足"希望早点收到商品"的客户的要求。

（9）日本消费者期待的物流服务

　　在第四章中，我们曾经提到，美国以各大城市为中心逐步开展了"Same-Day Delivery（当日下单、当日送达）""1小时宅配"等付费物流业务。

相对于美国物流，日本的宅配服务质量一直被认为高于海外其他各国。比如周日配送业务、收货时间指定业务、冷藏冷冻食品配送业务等都是美国物流行业中几乎没有的业务。并且，日本的电商在提供此类配送业务时都是免手续费的。那么对于已经习惯这种服务的日本消费者而言，他们需要的物流服务到底是什么样的呢？

现在，日本的物流服务基本上可以说是站在供给方（也就是宅配公司）的立场提出的。指定收货时间与其说是为了给消费者提供便利，不如说是为了满足宅配方的需求。为了提高配送率，需要事先确定客户能收到商品的时间段，以减少再配送比率。据说客户希望配送的时间段基本上集中在上午的2个小时以内。

但是，很多时候即使指定了配送货时间，也会出现扑空的现象。据日本国土交通省的报告显示，无论是"指定时间"配送，还是"未指定时间"配送，两者在再配送的比率上并没有太大的差别。对于其中的原因，一般认为是"客户忘记了指定的时间"。但是，其实本来即使客户不提出再配送请求，宅配方也会在当日再配送两三回，因此"指定时间"这项业务对于消费者而言，并没有太大魅力。

另一方面，也有人会报怨"2个小时的时间太长""需要等待2个小时的话，这期间什么都做不了"，还有人说"与其等2个小时，还不如到附近的店铺取货，后者更便利"。

如何基于客户的需求，在客户需要的时间点，以客户满意的形式将商品送到客户手中；如何站在客户的立场上构建"最后一英里"，这些都是需要我们探讨解决的课题。

2　围绕"最后一英里"的合作与竞争

（1）物流公司和流通链

在前一章节中我们提到，在"无论何时，无论何地，都能尽情享受购物"的全渠道中，与消费者的"最后一英里"，即最终接触点有可能在店铺，也有可能在客户家里（宅配便送货到家），有可能在便利店的取货柜台，也有可能在无人接待的专用取货柜（邮局等）。

今后，不仅在与客户的最终接触点上，还应该在购物、咨询、变更取货方法、取消商品等所有接触点上提高消费者的满意度。也就是说，除了销售方，构成供应链的所有相关人员都应该持有共同的目标，平日就要多思考如何为消费者提供更便利的服务。

一位 EC 企业的高层曾经说过"日本的 EC 市场比率低于欧美和中国等国家。提高便利性对市场规模的扩大具有很重要的意义"。

随着零售、物流和大型购物娱乐中心之间的合作越来越广泛，以上这些问题都需要多加考虑。

（2）"最后一英里"的竞争

乐天与大和控股集团在网络邮购的关联业务上达成合作，消费者在乐天上购买的商品，可以到与大和运输签约的便利店（FamilyMart、CircleKSunkus）以及大和运输的约 2.5 万家门店取货。并且，在大和运输的门店，消费者还可以取冷藏、冷冻商品。

对于经常不在家的顾客而言，可在夜间、休息日等方便的时间取货的场所增多了。而对于大和运输而言，也可节省占全宅配数量 2 成的再配送成本。

大型家电量贩店友都八喜 2015 年度的 EC 营业额预计为 1000 亿日元。友都八喜不但拥有不亚于日本国内电商巨头——亚马逊的物流规模，还利用本公司的物流网向消费者提供优于亚马逊的便利服务：无论是网上订单，还是店铺购买的商品，都能够当日配送，网上的订单皆会在 24 小时内处理。如果网上订购的商品设定在秋叶原和梅田的旗舰店取货的话，消费者可以在 24 小时内取货。并且，如果店铺内有库存的话，30 分钟之内就可以取货。无论是大约 6 小时之内的配送，还是"当日送达"，皆无配送费。亚马逊也能够做到"当日送达"，但条件是购买方是会员。

大型办公用品邮购公司爱速客乐在全日本拥有自己的物流网点及货车配送网，能够在接到订单的次日前将本公司采购的办公用品送到每个企业（公司的名字在日语中是"明日到达"的意思）。爱速客乐以"限制物流的发展就是抑制EC的发展"为口号，强化物流设施，提高出货能力，并利用优势积极开展其他公司的商品配送业务。"明日到达""明日送达"逐渐成为行业标准，以配送速度为核心的物流行业竞争将会越来越激烈。

下节，让我们来详细看看日本各企业的状况。

3　Seven & i 控股集团——着眼于中长期的战略

（1）挑战多种业态相结合的经营

Seven & i 控股集团推出了世界首例跨业态全渠道战略。

在日本国内，Seven & i 一天的顾客数量将近 2000 万人，如果加上国外的顾客人数，则可达到 5500 万人。它拥有世界最多的顾客数及店铺数，全球的营业额超过了 10 兆日元。多年来，Seven & i 一直秉承"应对变化、贯彻基本"的经营哲学，实现了 40 年的持续发展。并且，由于其在"店铺""物流""信息"等商业基础构建方面颇有见地，预计未来仍会持续成长。

Seven & i 的"全渠道宣言"发表于 2013 年 8 月末。同年 9 月，集团总部派遣旗下各子公司高层约 50 人前往美国考察学习。之后，全面开展了 Seven & i 的全渠道构建工作。

Seven & i 希望实现的全渠道是什么样的呢？

首先，与美国的先进案例不同，Seven & i 的全渠道是跨业态的全渠道。梅西百货、沃尔玛、沃尔格林都是全渠道战略开展得很成功的企业，但它们实行的都是单一业态下的实体与网络的融合。就店铺的数量而言，拥有店铺数最多的沃尔格林也仅拥有 8000 家店铺。

与此相对，Seven & i 旗下拥有便利店、百货商店、综合超市、专门店、邮购等多种业态，并以在全国约有 1.8 万家店铺的 7-ELEVEn 为商品取货中心，全面推进全渠道化。

跨多业态经营，实施全渠道战略比较成功的企业是第四章中介绍过的西尔斯，其网上销售的营业额已经达到 57 亿美元（2014 年）。虽然还在试水阶段，但是控股集团旗下的西尔斯、凯马特、Lands' End 已经构建了名为"Shop Your Way"的社交购物网站和 App 平台。Seven & i 控股集团去美国取经的时候，选择的考察地点是纽约和芝加哥。而西尔斯的公司总部就在芝加哥，我想这绝非偶然。

（2）终极的顾客战略

全渠道旨在构建一种"无论何时，无论何地，无论任何东西"，都能跨越业态实现购物，培养全新的高品质购物习惯的商业新模式。全渠道战略不是系统战略，它的定位是"终级的顾客战略"。而支持这种"终极的顾客战略"的是以下三个战略，即"卖场""商品"和"待客"。

"卖场"战略意在实现"无论何时，无论何地，无论是在家（PC），在店铺内，还是移动中（智能手机），都能实现收货、退货。比如，在7-ELEVEn也可以买到婴儿本铺、崇光西武和LoFt的商品"。

　　其次，在"商品"战略中，Seven & i开发了具有创新性的高品质自有品牌7-Premium。在第三点的"待客"战略中，Seven & i将重点放在为消费者提供"适合每个人的商品""店内设置平板电脑""到家中听取客户需求""在现实和虚拟中共同接待顾客"等服务上。

　　三个战略中，最重要的是"商品"战略。在网络购物急速发展的今天，手持智能手机随时购物的光景随处可见。无论在店铺、家中，还是移动中，所有的地方都可以成为卖场，

（出处）Seven & i控股集团资料

图5-2　Seven & i追求的全渠道概念图

方便消费者随时随地进行购物。那么，怎样才能让消费者选择 Seven & i 呢？其决定性因素就是"商品力"。

也就是说，需要开发出只能在 Seven & i 购买的独有品牌。比如，具有自我特色的 7-Premium 和与让·保罗·高提耶（Jean Paul Gaultier）合作开发的自有女性服装品牌"SEPT PREMIERES"，高级品牌专用网站"e.CASTEL"等均属此类。此外，Seven & i 还在 2015 年夏季表示，会与优衣库（Uniqlo）的母公司迅销公司（Fast Retailing）合作，共同开发新的服装独有品牌。据说双方可能会针对网上购买的优衣库商品在全国的 7-ELEVEn 店内的取货问题进行商谈。我想，通过与 Seven & i 的全渠道合作，优衣库自身也会得到很大的发展。

此外，在 2015 年 11 月 1 日开始全面推行的"omni7"中，Seven & i 强调了其旗下店铺的退货、退款服务。其实，Seven & i 很早就已经尝试性地推出了鞋品的退货服务。这也被认为是提高顾客满意度的重要一环。

（3）作为最重要平台的便利店

在全渠道时代，能够 24 小时营业、在身边随处可见的便利店将有可能成为实现全渠道最重要的平台。实际上，这一点是否能够实现，取决于网购商品的魅力、取货点的多少、使用的方便性，当然还有对顾客的服务质量。

便利店业界第二名的 LAWSON 与 SG 控股合作，开始构建对其他业态开放的平台（详见下章节）。SG–LAWSON 试图通过在以店铺为中心，半径为 500 米的商圈内安排专门的宅配人员来灵活地开展全渠道服务。

另一方面，7-ELEVEn 也在积极利用便利店构建全渠道模式。比如，在 2014 年开始的"街角的书店"项目中，顾客只需要口头下单，店铺的工作人员就会通过平板电脑为其在网上下单，2 天后顾客即可以到店内取货。这种便利店取货的模式是借助于图书出版公司 TOHAN（Seven & i 控股集团会长铃木敏文曾经在这里工作）的物流而实现的。虽然这可能会给店铺的正常工作带来或多或少的负担，但这种模式可以帮助到完全不会上网的老年人。另外，去老年人家中送货的同时咨询老人所需，替他们直接下单的服务，也在全渠道战略中发挥着功效。

但是，今后以 7-ELEVEn 为起点全面开展全渠道战略时，店铺的工作人员以何种方式参与进来，这也是一个需要解决的问题。为了不给员工的日常工作带来负担，集团计划在 7-ELEVEn 店铺中设置能够在"omni7"网站直接下单的专用平板电脑。

（4）立足于长期战略

在推进全渠道战略之际，Seven & i 构建了集团整体的发展体制。

铃木敏文会长一直强调全渠道零售是"零售业的最终形式"，因此，Seven & i 集团采取了让旗下子公司的社长分别担任商品项目、店铺物流项目、网络服务会员项目、网络安全项目主要负责人的商业发展模式。因为各社长会直接管理公司内部的核心部分，因此非常具有行动力。尤其在 2015 年 5 月铃木敏文会长的儿子铃木康弘先生就任 Seven & i 控股集团的高级执行 CIO（最高信息责任者）之后，发展的速度进一步加快。

铃木会长说，"能够更进一步打造'更近更便利'生活方式的，是我们为之而奋斗的全渠道"。作为以便利店为主要据点的、世界最强的全渠道零售商，Seven & i 计划大量销售本集团开发的各领域商品。铃木会长所追求的零售业的最终形式不久将拉开大幕。

但是，随着目标越来越近，接过全渠道战略指挥棒的 Seven & i 控股集团 CIO 铃木康弘先生却在诸多场合提到，"距离完全实现（全渠道战略）还有很长的一段路要走，有可能是 5 年，10 年，也有可能是 20 年"。Seven & i 为了实现零售业的最终形式——全渠道商业模式，可能还要花费一些时间，但是我想该集团一定会成功。

4 LAWSON 集团的开放平台战略

（1）SG-LAWSON 的模式

2015 年 6 月，大型连锁便利店 LAWSON 与旗下拥有佐川急便的 SG 控股共同出资，成立了新公司 SG-LAWSON。

简单地说，就是以现有的 LAWSON 店铺内的小仓库为配送据点，以 SG-LAWSON 的人员为专职人员，以店铺为中心，半径 500 米范围内的住户为对象，利用佐川急便的宅配便送货的商业模式。每日上午、下午、傍晚 3 次，用专用的送货手推车，徒步配送 80 件左右的商品。

如果送货时家中无人，商品就会被带回 LAWSON 店铺，其后，顾客既可以要求再配送，也可以在一天内的任何时间到 LAWSON 店铺取商品。在网上订购的商品，如果指定在便利店取货，那么其后不能更改为"送货到家"。但是 SG-LAWSON 的话，顾客既可以将商品暂时寄放在 LAWSON 店铺，也可以要求再次"送货到家"。现在，东京世田谷区的一部分店铺已经开展了这项服务。据说，比起"送货到家"，消费者更希望去生活

图 5-3　在 SG-LAWSON 中，专职的宅配人员为以店铺为中心，半径 500 米商圈
　　　　内的顾客提供佐川急便的宅配便服务

中经常经过的车站附近的店铺取货。

　　当然，SG-LAWSON 开展的服务中，不仅有佐川急便承担的宅配便业务。SG-LAWSON 的员工还会向消费者提供各种服务的说明指南并上门听取顾客的商品需求。以店铺为中心的 500 米半径商圈内，SG-LAWSON 的员工每天需要配送 3 次，与这一区域生活的人们非常熟悉。由此我们也非常期待未来的 SG-LAWSON 可以像以前的卖酒铺子一样，与附近的居民熟悉亲近，倾听消费者的需求。

（2）LAWSON 集团通过提供专供商品扩大市场份额的可能性

LAWSON 集团开展的店铺取货业务使其与客户的接触越来越多，而以往的相关数据也显示，这项业务带动了 LAWSON 的营业额增长。并且，由于店铺内的小仓库被作为配送据点使用，从某种意义上讲，店铺也具备了配送的功能，因此这很有可能成为店铺与顾客的新接触点。

LAWSON 店内的商品一般有 3000 种左右，但是如果店铺同时具备配送功能的话，就可以配送 LAWSON 店铺以外的专属 LAWSON 集团的商品。今后，由于专门提供生鲜、日用品配送的"LAWSON FRESH"，以高品质著称的超市"成城石井"，有机食材配送的"保护大地协会"以及"NATURAL LAWSON"等的加入，LAWSON 集团的商品种类可以增加到大约 1.6 万种。

虽然有些地方政府的法规条例中，对于在商业区开设店铺的条件要求比较严格，但是如果店铺具有宅配功能的话，既可以增加与客户接触的机会，又可以发展新的顾客，对于企业的发展非常有好处。

（3）什么是"开放平台战略"

LAWSON 所采取的战略就是"开放平台战略"。

所谓"开放平台战略"，是指"LAWSON 集团以外的企业，通过构建以 LAWSON 店铺为据点的下单、取货、宅配服务网，为客户在取货、宅配等方面提供便利性，解决服务中存在的各种问题的战略"。也就是说，即使不属于 LAWSON 集团，也可以利用 SG–LAWSON 今后所构建的渠道，加入到以日本国内约 1.2 万家 LAWSON 店铺为据点的全渠道战略中。LAWSON 集团中的商品种类是有限的，为了满足消费者的日常生活需求，需要尽可能地拓展与其他业态企业的合作。

2014 年 11 月，LAWSON 与亚马逊合作，消费者通过 LAWSON 店内放置的"Loppi"多功能媒体终端机，可以购买亚马逊（日本亚马逊）中的上千万种商品。这也是基于"开放平台战略"而开展的项目。

只是，无论消费者日常生活中如何钟情于 LAWSON，不通过电脑，不通过智能手机或平板电脑，而是利用"Loppi"多功能媒体终端机购买商品的机会到底有多少，目前尚不明确。通过"Loppi"购买商品的时候，亚马逊引以为傲的推荐功能完全无法使用，这种难于促进再消费的缺点也是无法否认的。

现在，LAWSON 店铺已经开展了亚马逊商品的取货服务。今后，越来越多的顾客可以通过 LAWSON 这个平台购买、接收商品，体验全方位服务。

（4）基于业务需求而逆向构建的物流体系

SG–LAWSON 的事业发展尚处于起步阶段。我想今后，该企业会在积极选址发展业务的同时，寻求各 LAWSON 店铺独立店长的支持，达成最终协议。

未来，SG–LAWSON 将正式开展各项服务，而对于各店铺的店长而言，未来会承担多少成本，加入 SG–LAWSON 会给自身带来多少益处，现阶段无人知晓。但是，如果这种改变能够为未来的销售带来益处，那么只要操作上没有太大的变动，我想，各店铺店长的态度应该都是积极的。

随着各企业全渠道化的发展，顾客将会越来越享受"无论何时何地都能购买自己想要的东西"这种商业模式。如果这样发展下去，那么仅靠某个店铺的力量是无法满足顾客的。因此，加入 SG–LAWSON 便成了"急奔渡口，恰有停舟"般幸运的事情。

在以前的商业模式中，物流与服务业务是分开的。需要配送某件商品时，只要自己公司不具备配送能力，就必须依附其他公司的物流体系（目前为止，主要是宅配便）。与此相对，SG-LAWSON 即将开展的物流业务是由"基于业务需求逆向构建物流体系"的想法而形成的。全渠道战略下的物流体系和以往的物流功能，究竟哪个会被时代选择，其结果是不言而喻的。但是，这种实际效果是否能够立刻体现在 SG-LAWSON 的收益上，还需要等待东京各试点店铺的结果。

5 亚马逊、乐天、雅虎·爱速客乐的网络购物新篇章

（1）日本亚马逊（Amazon Japan）

亚马逊总公司的情况已经在前面介绍过了。事实上，日本的亚马逊分公司以不亚于总公司的势头在诸多方面都尝试过新的挑战。

比如"商品当日收货"服务。如果是"当日加急"（每次514日元，亚马逊 Prime 会员免费）的特定商品，消费者只要在最近的大和运输门店，或者在全日本约3000家大和运输指定店铺（全年无休）的任何一家门店等地点取货，都可以于当日收到订购的商品。

2014年以前，第三方想在亚马逊的"跳蚤市场加急便"中销售商品，必须要委托亚马逊提供物流服务，而现在可以使用诸如 e-LogiT 等第三方物流公司。e-LogiT 物流公司之所以能够承担此项业务，不仅是因为其与亚马逊的系统对接，还取决于它能够在亚马逊高品质的要求下实现当日配送等服务。

有些客户家的邮箱口太小，配送的商品投递不进去，为了

解决这一问题，日本邮政与3家邮筒制造商联合开发了"Qual"收货专用邮筒并已开始面向大众销售。

现在，FamilyMart 与 LAWSON 不仅能够提供便利店取货服务，像前面所介绍的那样，消费者如果去 LAWSON，还可以利用"Loppi"多功能媒体终端机购买到亚马逊的商品。

亚马逊与澳德巴克斯、宇佐美矿油、汽车便利俱乐部等公司有业务合作，消费者在亚马逊购买的汽车用品，能够在全国超过 1000 家的服务中心接受免费安装服务。

（2）乐天

乐天集团认识到物流的重要性，在物流强化方面积极做出了调整。

比如，日本邮政与乐天达成合作，在日本邮政的东京 25 个邮局设置储物柜，提供"HAKO POST"储物柜取货服务。2015 年 4 月，在这项服务刚开始的时候，有约 300 家店铺加入其中，而 1 个月后增加到了 700 家。平日里不方便在自家取货的客户，或者在夜里对送货到家服务有抵触的女性都被认为是这一服务的受惠者，对于客户群体中女性比例较高的乐天来说，这项服务有可能会带来很多益处。

除了 "HAKO POST" 储物柜取货服务外，乐天也开展了与此类似的 "乐天 BOX" 服务。目前，乐天已经在大阪市营地铁的难波车站等地设立了 "乐天 BOX"，并于 2015 年以首都为中心，在全国 50 个地方提供该项服务。

此外，乐天与大和运输合作，虽然有些条件限制，但可以在便利店或大和运输的门店取货。

并且，最短 20 分钟，平均 60 分钟就可以送货到家的即时配送服务——"乐便！"也已经开始启动。该服务以 "奔跑吧！乐天便利店！"为核心概念，购物额达到 2500 日元以上便可享受免费送货服务。

2014 年，有两条关于乐天的新闻，分别是 "统合乐天物流（由于债务超额）"和 "乐天市场缩小"。一年多以后，乐天开辟出一条新的道路，这不是一条实际构建物流据点的道路，而是一条基于消费者取货方式的多样性，提高顾客便利性的道路。

（3）雅虎 · 爱速客乐

2013 年 10 月，雅虎宣布第三方可以免费在雅虎的 EC 大型购物娱乐中心 "雅虎商城" 开店。当时，雅虎的店铺数量约为 2 万，半年后就达到了 13 万，商品数量也增加了 6 成以上，据说超过了 1 亿件。同时，雅虎还在配送速度上积极应对挑战。雅虎为入驻的多家店铺提供东京丰州内的"立刻到达"服务，即顾客下单"2 小时"后就可以在家中收到商品，而且该项服务曾在小范围内试水。

2015 年，爱速客乐成为雅虎的合作对象。通过与雅虎合作而成立的面向消费者的 B2C 购物网站"LOHACO"取得了可喜的成绩。"LOHACO"与爱速客乐一样，几乎覆盖了关东圈及关西圈的所有区域，如果是早上 10 点前下的单，就可以于当日完成配送。此外，"LOHACO"扩充最新的物流平台，引进日本首例自动捆包系统，建立了从下单至完成配货，最短 20 分钟就能结束的机制。但与此同时，与普通的宅配一样，再配送问题频发，这是仅仅依靠提升配送速度无法解决的课题。依靠自身物流配送的爱速客乐已经将宅配公司"ECOHAI"收购为子公司。

6 友都八喜的无渠道战略

仅从物流的品质方面考虑，友都八喜被认为实现了"连世界最强大的网络邮购公司亚马逊都相形见绌"的顾客高满意度物流。同时，友都八喜在各大型家电量贩店中，也拥有相当高的盈利能力。

友都八喜从消费者的角度出发，致力于为顾客提供"难能可贵"的服务。其中，比较有代表性的是急速配送、免配送费和店铺取货服务。

在日本，友都八喜能够"当日送达"的区域除了关东的1都6县，关西的2府4县之外，还有九州、东北地区等地，覆盖率已经达到7成以上。如果包括"次日送达"地区的话，覆盖率几乎是100%。东京都内一部分地区已经实现6小时内配送到货。秋叶原和梅田的旗舰店中，如果店内有库存，消费者在网上下单30分钟以后，可以全天候24小时到店铺取货。并且，原则上与物流相关的一切成本皆为免费。

到底是怎样的结构构建了这样的物流体系？关于这一点，友都八喜没有进行详细说明，只表示其物流据点由"2个据点

+3个地点"构成,并提到"我们只是做了为让顾客高兴而应该做的事情"。据说,友都八喜现在的物流体系来源于过去的一个想法。早前,友都八喜处于"有库存可以送货,没有库存不能送货"的状态,后来,关东地区(译者注:包含东京都和枥木县)实现了"当日送达",于是有人提出"既然当天能将商品从东京送到(枥木县的)宇都宫店,那么为什么不能直接配送给个人呢"。

友都八喜开始网络邮购业务是在1995年。同年,Windows 95操作系统发布,那时的网络环境无法与现在相比,非常的不方便。但令人震惊的是,据说当时友都八喜就已经实现了库存的一元管理(店铺、仓库、移动中的商品、店内预存商品也实现了统一管理)。事实上,其早在六年前的1989年就已经构建了能够实现库存一元管理的系统,1996年还实现了"如果没有库存,商品信息自动在网上消失"的功能。友都八喜于2000年将库存信息在网络上共享,2003年提供网上下单、店铺取货服务,2010年左右开始对店铺和EC的商品价格进行一元管理,实现了价格统一。

我本人认为,"库存的一元管理"和"店铺与EC的价格统一"是实现全渠道的必要条件。我正式提出这个观点是在2012年。但是,友都八喜实现这一切的时候,全渠道这个词汇还没有出现，在无法预见未来商业发展趋势的人看来，这只不过是比以前的管理形式更高效一些而已。

近些年来，"全渠道"成了时代的关键词。

友都八喜并不是意识到全渠道之后才开始实施现在的商品管理、库存管理的。因此，友都八喜不会特意地将现在已经实现的网络和实体店间的无缝模式（不区分对待网络销售与店铺销售）称为"全渠道"。也就是说，"无渠道"指的就是顾客完全不需要区分是"通过网络购买"，还是"在实体店购买"，友都八喜的客户仍然可以像以前一样在友都八喜购物。所以，关于全渠道战略带来的实际销售额的归属问题，比如到底是属于网络销售的部分，还是属于店铺的营业额，在友都八喜内部完全无人关注。

2016 年的时候，友都八喜在神奈川县川崎市建立的巨型物流中心即将竣工，其超越了亚马逊所拥有的日本最大的物流据点"小田原物流中心"。在这一举措背后，友都八喜的目标绝不是开展被时代所广泛关注的全渠道，而可能是"贯彻友都八喜一直以来的企业宗旨，扩大消费者可以购买的商品范畴"。

7 专注于引客进店的北村相机

北村相机也在积极开展全渠道。对于北村相机而言在店铺接待客户的时候，平板电脑必不可少。

北村相机创立于 1934 年，在日本国内拥有 900 家直营店，包括主要销售照相机、相机用品、智能手机的店铺和多家主要负责打印照片的"相机的北村"店铺。同时，北村相机还运营自家网站（宅配、店铺取货）并在各大型购物网站开设店铺（雅虎、乐天、亚马逊，只含宅配）。

北村相机将"宅配营业额"和"店铺取货营业额"的总营业额称为"EC 关联营业额"，以此为 KPI，每周追踪数值的进展状况，在指导公司的发展方面发挥着巨大作用。

宅配营业额指"在家中通过网络下单，利用宅配便收货"的部分。店铺取货营业额是"在家中通过网络下单，店铺取货"和"在店铺通过平板电脑下单，店铺取货"的合计。北村相机提出了 2015 年 4 月—2016 年 3 月的年度目标营业额，其中全部营业额为 1600 亿日元，宅配营业额为 140 亿日元，店铺取货营业额为 340 亿日元，合计 EC 关联营业额为 480 亿日元（相比去年皆上涨了两位数）。

北村相机与所谓的量贩店不同。北村相机店内常驻精通相机的工作人员，能够提供非常专业的硬件和软件服务（数码相片的打印以及照片加工），其开店地点也几乎都在消费者周边。北村相机的网上会员人数高达680万，据说大部分客人与钟意的店铺之间的距离都在半径5千米以内。

很多客户会以每年3次，也就是4个月一次的频率光顾北村相机。在店内，你会经常看到抱着孩子的母亲，这些孩子就是平时最主要的数码相机的拍摄对象。可能很多人会认为，母亲们想打印数码照片的时候，利用家务与照顾孩子的空闲时间，在网上操作会更便利。但实际上，比起空闲时间自己操作，带着孩子去附近的北村相机更省事。

在北村相机的横滨本部，EC事业部和商品采购部的座位相邻。因为在日常业务中，EC事业部和商品采购部经常需要协调合作，而且从网络与实体店融合的角度考虑，平时也有必要让两个部门培养"一体感"。EC事业部本身是有网店运营的盈亏预算的，但面对"北村相机的客户"，EC事业部选择着眼大局，将与本部一起共同辅助店铺发展放在首位。

很明显北村相机对全渠道的定位是"从网上吸引客户到店铺""灵活运用EC接待客户"，也曾表示"希望顾客在网上看我们的信息，光顾我们店铺"。为了达到这个目标，北村相机完善了工作人员的信息发布平台并开始使用平板电脑接待客户。

各家店铺每天在博客上发送信息，现在信息发布量已经超过 157 万，阅读人数累计 6700 万。为了不偏倚智能手机 App 发布的信息，各家店铺也会注意 PC 端店铺微博的更新内容。店名、商品名、区域加注作为 SEO（搜索引擎优化）对策也是不可缺少的。

北村相机的平板电脑，是专门接待客户的工具。店铺的必要信息全部载入一个画面内，以及能够在和 PC 的 EC 网站相同的平台订购商品的功能，等等，都是 EC 事业部在全店铺广泛听

图 5-4　在北村相机的店铺内专设了能够预约打印照片和制作照片书的地方

取各方意见、反复改进优化的结果。据说，对于北村相机而言平板电脑现在已经发展成为"如果没有，就不能充分接待客户"的工具。

北村相机的店铺内，陈列的主要是打印数码相片的设备，销售额占总营业额大比重的智能手机，以及手机周边产品。这样一来，价格偏高、数量偏多的单反相机和颇具人气的二手相机的陈列空间就会变得非常狭小。而能够弥补柜台库存不足这种缺陷的是平板电脑。消费者通过平板电脑，能够访问超过4万件商品。原本北村相机就拥有很多具有专业知识的工作人员，如果充分运用平板电脑上的相关信息和个人专业知识来接待客户的话，一定能够使客户达到高满意度。另外，为了使商品信息说明浅显易懂，像是"5年保修"或"以旧换新"等服务内容都会标记在比较明显的地方，并配上合适的字体和颜色，当然也会顺带附上关联商品信息，促进顾客消费。平板电脑的设计要优先便于销售人员使用。经过不断的优化改良，平板电脑作为销售工具，取得了很好的效果。据说在某家店铺中，来自于平板电脑的销售额已经达到了15%~20%。

网络下单的店铺取货服务和平板电脑的下单功能为各店铺带来了实际效益，这些都是推动店铺发展的背后力量。

并且，在智能手机的App上有"电话咨询"按钮，据说咨询后购买商品的销售额，每月能达到 1500 万～2000 万日元。

北村相机执行董事 EC 事业部部长逸见光次郎说，"运用 IT 的时候，一定要思考如何能使销售环境变得轻松，明确改善的本质在哪里"。在北村相机，每天都能看到专业性很强的工作人员边使用平板电脑边与来店顾客交流的景象。

8　定位于后方支援的东急手创

东急手创的魅力在于，店内销售的商品都非常具有自己的独特性。不只买手们会四处搜寻好的、有趣的、酷的东西，大批的消费者（粉丝）也会对此感兴趣。东急手创中各家店铺的商品会拥有自家特点，有所不同，在新宿店、涩谷店、池袋店这类大型店铺中，很多商品都是独家采购的。

东急手创于 2005 年开设了 EC 网站——"东急手创网店"。2012 年，导入了任何人都能够通过 EC 网站实时确认库存信息的服务系统。2013 年，东急手创的消费者可以在任意店铺代存商品，而智能手机专用 App 也于 2014 年 11 月启动，这些措施都使粉丝们感到东急手创在不断靠近自己。

另外，自 2014 年 4 月起，公司内部将运营 EC 网站的 IT 电商部更名为全渠道发展部，长谷川秀树作为执行董事担任全渠道发展部部长，这表明了公司明确开展"全渠道化"的意向。

针对全渠道战略，东急手创对消费者的行为模式有三种设想。

这三种设想分别为"代存""恭听"和"一见钟情"。代存指消费者在网上下单后直接到希望的店铺（译者注：因为该店

铺有库存）取货（需要花费 2 天至 5 天）；恭听指"运用网络向
店铺订货（译者注：因为附近的店铺没有库存，需要从其他有
库存的店铺调货），再到希望的店铺取货（需要花费 5 天至 10
天）；一见钟情指如果店铺里有中意的商品，读取条形码，暂且
登录选择该店（之后再下单）。消费者在网上下单后，如果选
择宅配便收货，需要支付规定的配送费（购入金额达到 5000 日
元以上的东急手创网店会员可享受免费配送服务），如果选择店
铺取货则免费配送。此外，使用的积分卡能够与店铺共同积分，
这点也被认为是东急手创网店促进消费的一种方式。

图 5-5　东急手创 App 画面

东急手创网店每天上午、下午、晚上 3 次，在拥有 15 万件库存的新宿店内部仓库中，进行商品从分拣到配送的工作。以前，这部分的营业额包含在新宿店的实际收益中，但是，自 2015 年 4 月起，店铺与网店开始分开管理。即使是东急手创网店的订单，只要客户的行为模式属于"代存"和"一见钟情"，最终的实际成绩就会被追加到客户实际取货的店铺和登录选择的店铺中。"给予努力的店铺以实际效益"就是东急手创的评价标准。

但是，东急手创网店的营业额占总营业额的比重还不到 10%。比如在新宿店，店铺取货量最多的时候也就是 1 天 10 件。但是，对于店铺空间和人力都受限的中小型店铺而言，这部分实际效益的追加在激发员工工作积极性、提高接待客户质量等方面都有非常积极的影响。

东急手创认为全渠道化是"高品质零售店铺的东风"。也就是说，对于品牌力、商品力、销售力皆为强项的东急手创而言，全渠道模式是企业发展的正面推动力。因为东急手创聚集了"喜欢物品本身""乐于发现有趣商品"并"具备 IT 能力（与一般的流通零售业相比）"的员工，因此不难推测，开展全渠道化后的东急手创将会越来越有魅力。

9 推行"357天全接触点"的良品计划

据说,"智能手机抓住的客户,不会轻易逃掉"。但实际上,包含竞争对手在内,市面上有各种各样的 App 产品,现在这个时代,想要仅仅通过客户下载的 App 来强化客户关系,增加与顾客之间的接触点已经很难了。也有人说,"起码智能手机屏幕上的 App 是与顾客产生接触的必要条件"。据调查,人均每月使用 1 次以上的 App 数量是 27 个,而每月使用 10 次以上的 App 数量是 9 个(尼尔森公司调研结果)。

良品计划的智能手机 App——"MUJI passport"的下载次数累计超过了 400 万,在与顾客建立接触点上是比较成功的案例。

旗下经营"无印良品"的良品计划在 2000 年开设了网店"MUJI.net",并于 2013 年 5 月启动了智能手机专用 App "MUJI passport"。这款 App 的特征是,它并未强调网络销售功能。

良品计划在 EC 方面有过失败的经历。以前,良品计划针对部分区域未开设实体店的状况,实施了网上销售战略,但是后来发现,事实与预见相悖,不知道"MUJI"的顾客也不会在网上购买。后来,为了加深与客户之间的交流,良品计划虽然仍会利用网络作为媒介，但并没有像其他的网络销售那样，将"大量卖出商品"作为战略目标。"passport"这款 App 也实实在在体现了这种想法。

通过这款 App，良品计划开始深度挖掘以前没有看到的 MUJI 粉丝的行为习惯。在 MUJI 的客户群体中，即使是忠实客户，网店与实体店加起来，每年也仅有 8 天在"MUJI"消费。因此，良品计划希望可以利用专用 App，在没有购物的 357 天中提高与无印粉丝的接触频率。同时，良品计划还采取与店铺共通的积分计划，添加了即使不购买商品，也能获取积分的功能。

比如，在检索商品的时候，只要按"想要""拥有"按钮，就能获得积分。进行商品评论，或在通过店铺周边的时候，点

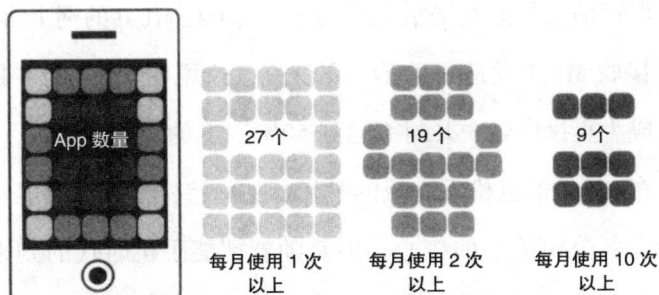

（出处）尼尔森公司（Nietsen Mobile Net View）

图 5-6　人均每月使用 27 个 App，使用 10 次以上的 App 有 9 个

击"签到"（接近店铺的 600 米半径时，信息会自动推送到手机界面上）都可以获取积分。

另外，在 App 中还有实时库存检索，条形码扫描（能够获取店铺商品的详细信息），针对每位客户定制的商品促销信息（即使是店铺 POP 上没有的信息，也能通过智能手机确认优惠价格）等功能。

启动 App 的两年多时间里，App 对于公司整体销售额的贡献虽然还不够明朗，但也多多少少看到了一些收益。日本国内销售总量中有约 3 成来自于 App 用户且每位用户的消费金额是非 App 用户的大约 2 倍（4000 日元左右）。

另一方面，良品计划发现即使向对品牌有较高忠实度的粉丝客户发送丰厚的电子优惠券，也不能达到预想的收益。但是，对于促销的推送通知，有 50 万~60 万人会立刻有所反应。通常一次促销信息只能发送给大约 120 万人（在 MUJI 的网上客户中，设置接收 MUJI 发送相关信息的人），这说明 MUJI 的专用 App 已经成为直投广告中开封率达到 50% 以上的媒介。

在 PC 是信息检索主流的时代，如何将检索的结果显示在首页上是各公司关心的核心，但是随着智能手机时代的到来，关注的焦点发生了变化。在包括付费、免费的众多智能手机 App 中，良品计划为了能一直在手机界面上为自家公司留下一角而煞费苦心。带着这样的期许，良品计划在专用 App 上添加了新功能——"新闻"。与 SNS 上一样，由公司内部、各店铺、合作机构发送关于 MUJI 的所有相关信息。

"MUJI passport"为 MUJI 提供了一个能够时刻接近粉丝的环境。我想，正因为良品计划拥有独具魅力的品牌力，这款 App 才能够成为连接网络与现实的战略平台。

10　其他具有独特经营模式的企业

现在的全渠道，还不存在固定的形式。如果从营业时间、布局、便利性等方面考虑的话，以便利店作为据点可能是比较理想的。但是在全渠道中，消费者是主角，不能以供应方的角度给出答案。

在这一章即将结束的时候，我想针对全渠道，再简单介绍几个其他零售企业的具体发展动向。

（1）澳德巴克斯（Autobacs Seven）

销售汽车用品的澳德巴克斯公司，计划以日本国内的 584 家店铺为据点，融合网络与实体发展业务。

比较有代表性的是澳德巴克斯与竞争对手亚马逊的合作。澳德巴克斯为亚马逊销售的汽车用品提供安装、替换服务。在亚马逊购买汽车用品后，登录澳德巴克斯网站，通过预约形式，首先搜索附近的店铺，然后提出申请，通常在 3 个工作日就能够收到申请店铺的回复，约定安装日期（亚马逊"跳蚤市场"

中的商品不提供这项服务）。当然，不仅仅是亚马逊的汽车用品，在澳德巴克斯自家网站上购买的商品也同样可以申请该项服务。

澳德巴克斯的另一个动向，是将网络销售的物流委托给了第三方物流公司 e-LogiT。出货的时间被缩短到 2 天，提高了物流质量，客户对收货时间的咨询次数也明显减少。另外，在第三方购物平台销售的商品也能够店铺取货，可享受网上预约更新润滑油时间的服务。

（2）卡酷雅思（Kakuyasu）

卡酷雅思以"只要一瓶啤酒，就可以免费送货"为主要卖点，开展酒类和食品的宅配便服务，销售额已经达到了 1143 亿日元（2014 年 4 月—2015 年 3 月）。卡酷雅思的强项在于自身构建了接到订单就能马上配送的平台。为了有效利用这个平台，该公司以"免费配送"为核心促销点，积极拓展客户。

现在，卡酷雅思将旗下的 175 家店铺作为据点，设定距离店铺半径为 1.2 千米的区域为配送范围。消费者可以通过电话、网络下单，只需要购买"一瓶啤酒"商家就会接受订单，并且进行 365 天无休的免费配送。此外卡酷雅思还提供指定 1 个小时范围内的当日配送，最短 30 分钟消费者就能收到订购的商品，在赏樱花节等节日的时候，还可以享受户外配送。就这样，卡酷雅思让客户需求的高质量配送服务成为可能。

另一方面，卡酷雅思充分考虑到顾客的服务需求，构建了"如果距离客户最近的店铺有库存的话，那么当天夜里 9 点前的订单，都能够实现 1 个小时范围内的'当日出货，当日送达'"的体系。

（3）尼达利（Nitori）

制造、销售家具和室内装饰用品的尼达利公司，于 2015 年 6 月运行了新的 EC 网站，在全渠道化的道路上一步一步前进着。通过 EC 网站，顾客能够查询全日本尼达利店铺的库存信息，并能和店铺一样，享受指定时间的配送服务等。

在尼达利网站上，挑选自己喜欢的商品，然后，点击表示商品详情页面的"店铺库存信息"，会出现"店铺选定"画面。接下来，选择都道府县，按"确认"按钮，针对指定区域内的店铺库存情况，会出现"○有库存""×无库存""△少量库存"3 种选项。为了应对全渠道环境，我认为，尼达利今后应该在库存方面进行实时管理。

（4）寇美丽（Komeri）

寇美丽是一家经营日用杂货、五金用品、土木建材及农业用品等各类商品的大型零售公司。该公司正在以全日本拥有的1170家店铺（截至2015年8月末）形成的店铺网、补充小型店铺商品量的大型店铺、寇美丽网站，以及提供高效率配送的物流中心为核心，全面开展全渠道战略。

寇美丽采取的是在5~6家小型H&G（Hard & Green）业态（译者注：Hard & Green 主要经营DIY用品和农业用品）的店铺中间配置一个大型店铺的战略，H&G中提供不了的商品和服务由大型店铺给予补充。在H&G的店铺中设置了专用客户端，消费者可以通过拥有约20万种商品的寇美丽网站，下单购买店铺中没有的商品。消费者能够实时掌握所有店铺的库存信息，既可以选择在家收货也可以选择店内取货。

即使身边最近的店铺没有库存，也可以从拥有近1200家店铺的店铺网中，选择有库存的较近的店铺，因此对于想要快些拿到商品的客户来说，寇美丽的战略是十分便利的。

（5）永旺（AEON）

与 Seven & i 形成双璧的永旺集团，以综合超市为据点，开始全面展开全渠道战略。

在第一章中，我提到过永旺零售在 2014 年 3 月 1 日开设了社长直接管辖的全渠道发展本部。但是在 2015 年 2 月 1 日，永旺实施机构改革，废止全渠道发展本部，开设了电子发展专项办公室。虽然废止了全渠道发展本部，但是集团最大的综合购物中心"永旺幕张新都心店"（2013 年 12 月开业），冈山车站附近的"永旺购物冈山店"（2014 年 12 月开业）等大型购物中心仍在相继开业。作为融合服务 + 商品 + 网络的全渠道组合形式，公司持续开展了可以订货店铺内没有的商品的"touch-get"服务，主要是希望通过主力超市与网络的结合，扩大可提供的商品范围并增加商品数量。此外，永旺还为消费者准备了能够订购店铺内没有的商品的专用平板电脑，并结合工作人员不断提高的推荐商品的能力，持续增加新开业店铺数量。

自 2015 年起，永旺正式启动"网上超市下单的商品，也能够在附近的店铺取货"服务。但是，取货的店铺必须为网上下单超市的实体店铺。因此，与其说这是网上超市提供的一项服务，不如将其看作是（事先付款的）店铺拣货服务（译者注：即在网上订的东西直接去店里拿货），这样也许更容易理解。

这项服务始于综合超市的取货业务，计划逐步拓展到集团内部其他店铺，比如小型食品商店的"My Basket"，便利店的"Mini Stop"，等等，这一系列动向说明永旺集团并未放缓公司全渠道化的脚步，可能只是意识到了其与鲜明提出全渠道概念的 Seven & i 的不同。

（6）松本清（Matsumoto Kiyoshi）

现在，药妆店行业又一次迎来了大挑战。行业竞争日趋激烈，由于压低价格而带来的价格差别化也愈演愈烈。在这样的环境下很难开展全渠道，因为全渠道的一个必要条件是"体系的统合"。

在这样的大背景下，日本大型连锁药妆店松本清公司自2015 年 7 月起，在行业内首次构建了能够通过网站实时确认店铺商品库存情况及销售价格的购物环境。预先登陆"经常光顾的店铺"，即使不亲自去也能确认库存的有无及店铺内的价格。但是，从实用性的角度来看，商品的预存、店铺订货服务只能在1500家店铺中的一部分店铺提供，这样会影响到其后的购买，因此，将此形式作为全渠道战略来开展的话，还有很多课题需要解决。

作为网络与实体的融合，使用专用 App 的"处方笺发送服务"也开始在一部分店铺实施。客户可以事先拍下处方笺，然后将画面发送给店铺，店铺准备完药品后，客户会接到店铺的通知，去药店取药，这样能够缩短取药时的等待时间。

应对全渠道迫在眉睫，它是所有店铺都要面对的问题。本书主要介绍了一些店铺的先进案例，我想，零售行业在未来全渠道的发展上将会取得更长足的进步。

"服务的细节" 系列

《卖得好的陈列》：日本"卖场设计第一人"永岛幸夫
定价：26.00元

《为何顾客会在店里生气》：家电卖场销售人员必读
定价：26.00元

《完全餐饮店》：一本旨在长期适用的餐饮店经营实务书
定价：32.00元

《完全商品陈列115例》：畅销的陈列就是将消费心理可视化
定价：30.00元

《让顾客爱上店铺1——东急手创馆》：零售业的非一般热销秘诀
定价：29.00元

《如何让顾客的不满产生利润》：重印25次之多的服务学经典著作
定价：29.00元

《新川服务圣经——餐饮店员工必学的52条待客之道》：日本"服务之神"新川义弘亲授服务论
定价：23.00元

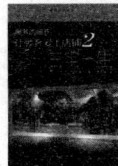

《让顾客爱上店铺2——三宅一生》：日本最著名奢侈品品牌、时尚设计与商业活动完美平衡的典范
定价：28.00元

《摸过顾客的脚才能卖对鞋》：你所不知道的服务技巧，鞋子卖场销售的第一本书
定价：22.00 元

《繁荣店的问卷调查术》：成就服务业旺铺的问卷调查术
定价：26.00 元

《菜鸟餐饮店 30 天繁荣记》：帮助无数经营不善的店铺起死回生的日本餐饮第一顾问
定价：28.00 元

《最勾引顾客的招牌》：成功的招牌是最好的营销，好招牌分分钟替你召顾客！
定价：36.00 元

《会切西红柿，就能做餐饮》：没有比餐饮更好做的卖卖！ 饭店经营的"用户体验学"。
定价：28.00 元

《制造型零售业——7-ELEVEn 的服务升级》：看日本人如何将美国人经营破产的便利店打造为全球连锁便利店 NO.1！
定价：38.00 元

《店铺防盗》：7大步骤消灭外盗，11种方法杜绝内盗，最强大店铺防盗书！
定价：28.00元

《中小企业自媒体集客术》：教你玩转拉动型销售的7大自媒体集客工具，让顾客主动找上门！
定价：36.00元

《敢挑选顾客的店铺才能赚钱》：日本店铺招牌设计第一人亲授打造各行业旺铺的真实成功案例
定价：32.00元

《餐饮店投诉应对术》：日本23家顶级餐饮集团投诉应对标准手册，迄今为止最全面最权威最专业的餐饮业投诉应对书。
定价：28.00元

《大数据时代的社区小店》：大数据的小店实践先驱者、海尔电器的日本教练传授小店经营的数据之道
定价：28.00元

《线下体验店》：日本"体验式销售法"第一人教你如何赋予O2O最完美的着地！
定价：32.00元

《医患纠纷解决术》：日本医疗服务第一指导书，医院管理层、医疗一线人员必读书！ 医护专业入职必备！
定价：38.00 元

《迪士尼店长心法》：让迪士尼主题乐园里的餐饮店、零售店、酒店的服务成为公认第一的，不是硬件设施，而是店长的思维方式。
定价：28.00 元

《女装经营圣经》：上市一周就登上日本亚马逊畅销榜的女装成功经营学，中文版本终于面世！
定价：36.00 元

《医师接诊艺术》：2 秒速读患者表情，快速建立新赖关系！ 日本国宝级医生日野原重明先生重磅推荐！
定价：36.00 元

《超人气餐饮店促销大全》：图解型最完全实战型促销书，200 个历经检验的餐饮店促销成功案例，全方位深挖能让顾客进店的每一个突破点！
定价：46.80 元

《服务的初心》：服务的对象十人百样，服务的方式千变万化，唯有，初心不改！
定价：39.80 元

《最强导购成交术》：解决导购员最头疼的55个问题，快速提升成交率！

定价：36.00元

《帝国酒店——恰到好处的服务》：日本第一国宾馆的5秒钟魅力神话，据说每一位客人都想再来一次！

定价：33.00元

《餐饮店长如何带队伍》：解决餐饮店长头疼的问题——员工力！ 让团队帮你去赚钱！

定价：36.00元

《漫画餐饮店经营》：老板、店长、厨师必须直面的25个营业额下降、顾客流失的场景

定价：36.00元

《店铺服务体验师报告》：揭发你习以为常的待客漏洞 深挖你见怪不怪的服务死角 50个客户极致体验法则

定价：38.00元

《餐饮店超低风险运营策略》：致餐饮业有志创业者＆计划扩大规模的经营者＆与低迷经营苦战的管理者的最强支援书

定价：42.00元

《零售现场力》：全世界销售额第一名的三越伊势丹董事长经营思想之集大成，不仅仅是零售业，对整个服务业来说，现场力都是第一要素。
定价：38.00元

《别人家的店为什么卖得好》：畅销商品、人气旺铺的销售秘密到底在哪里？ 到底应该怎么学？ 人人都能玩得转的超简明MBA
定价：38.00元

《顶级销售员做单训练》：世界超级销售员亲述做单心得，亲手培养出数千名优秀销售员！ 日文原版自出版后每月加印3次，销售人员做单必备。
定价：38.00元

《店长手绘POP引流术》：专治"顾客门前走，就是不进门"，让你顾客盈门、营业额不断上涨的POP引流术！
定价：39.80元

《不懂大数据，怎么做餐饮？》：餐饮店倒闭的最大原因就是"讨厌数据的糊涂账"经营模式。
定价：38.00元

《零售店长就该这么干》：电商时代的实体店长自我变革。
定价：38.00元

《生鲜超市工作手册蔬果篇》：海量
图解日本生鲜超市先进管理技能
定价：38.00元

《生鲜超市工作手册肉禽篇》：海量
图解日本生鲜超市先进管理技能
定价：38.00元

《生鲜超市工作手册水产篇》：海量
图解日本生鲜超市先进管理技能
定价：38.00元

《生鲜超市工作手册日配篇》：海量
图解日本生鲜超市先进管理技能
定价：38.00元

《生鲜超市工作手册副食调料篇》：
海量图解日本生鲜超市先进管理技能
定价：48.00元

《生鲜超市工作手册POP篇》：海量
图解日本生鲜超市先进管理技能
定价：38.00元

《日本新干线7分钟清扫奇迹》：我们
的商品不是清扫，而是"旅途的回忆"
定价：39.80元

《像顾客一样思考》：不懂你，又怎
样搞定你？
定价：38.00元

《好服务是设计出来的》：设计，是对服务的思考
定价：38.00 元

《让头回客成为回头客》：回头客才是企业持续盈利的基石
定价：38.00 元

《餐饮连锁这样做》：日本餐饮连锁店经营指导第一人
定价：39.00 元

《养老院长的 12 堂管理辅导课》：90%的养老院长管理烦恼在这里都能找到答案
定价：39.80 元

《大数据时代的医疗革命》：不放过每一个数据，不轻视每一个偶然
定价：38.00 元

《如何战胜竞争店》：在众多同类型店铺中脱颖而出
定价：38.00 元

《这样打造一流卖场》：能让顾客快乐购物的才是一流卖场
定价：38.00 元

《店长促销烦恼急救箱》：经营者、店长、店员都必读的"经营学问书"
定价：38.00 元

更多本系列精品图书，敬请期待！

著作权合同登记号 图字：01-2016-6282 号

Omunichaneru Senryaku
By Ryoichi Kakui
Copyright © 2015 Ryoichi Kakui
Simplified Chinese translation copyright © 2016 Oriental Press,
All rights reserved
Original Japanese language edition published by Nikkei Publishing Inc.
Simplified Chinese translation rights arranged with Nikkei Publishing Inc.
Through Beijing Hanhe Cultre Communication Co.,Ltd.

图书在版编目（CIP）数据

新零售全渠道战略 /（日）角井亮一 著；吴婷婷 译 . —北京：东方出版社，2017.3
（服务的细节；057）
ISBN 978-7-5060-9527-3

Ⅰ.①新… Ⅱ.①角… ②吴… Ⅲ.①零售商业—商业经营 Ⅳ.① F713.32

中国版本图书馆 CIP 数据核字（2017）第 046230 号

服务的细节 057：新零售全渠道战略
（ FUWU DE XIJIE 057:XINLINGSHOU QUANQUDAO ZHANLÜE ）

作 者：[日]角井亮一
译 者：吴婷婷
责任编辑：崔雁行 吕媛媛
出 版：东方出版社
发 行：人民东方出版传媒有限公司
地 址：北京市东城区东四十条 113 号
邮 编：100007
印 刷：小森印刷（北京）有限公司
版 次：2017 年 5 月第 1 版
印 次：2018 年 5 月第 2 次印刷
开 本：880 毫米 ×1230 毫米 1/32
印 张：7.625
字 数：132 千字
书 号：ISBN 978-7-5060-9527-3
定 价：48.00 元
发行电话：（010）85924663 85924644 85924641